M. Jervis

Vol. 1

BM Croker

Writat

Cette édition parue en 2024

ISBN : 9789359949635

Publié par
Writat
email : info@writat.com

Contenu

CHAPITRE I.
UNE FILLE SUR MILLE.

« Je suppose que je dois écrire et dire qu'elle peut venir. Personnellement, je serai ravi de l'avoir ; mais je crains que Granby ne trouve une fille à la maison plutôt ennuyeuse. Trois, *c'est* un chiffre tellement gênant en Inde ! »

« Et parfois ailleurs », ajouta une dame assise sur le tabouret, soufflant un grand feu de bois, avec une paire de soufflets ridiculement petits.

« Vous voyez ce que je veux dire, Milly, » rétorqua sa compagne, une belle femme à l'air indolente, allongée dans un fauteuil, une lettre ouverte sur ses genoux. « Ici, les maisons ne sont généralement construites que pour deux personnes, surtout dans les cantonnements. Une voiturette Victoria ou à poney n'en contient que deux, et deux est un nombre beaucoup plus gérable pour les dîners et les tiffins. Pourtant, je serai heureux d'avoir une fille pour chaperonner ; cela me donnera un but dans la vie et plus d'intérêt à sortir.

"Pourriez-vous en prendre plus?" demanda la dame au soufflet en jetant un sourire narquois par-dessus son épaule.

« Pour être sûr que je le pourrais, petite créature désagréable ! Lorsqu'une femme n'est plus tout à fait jeune et que ses jours de romance sont terminés, les espoirs et les perspectives d'une jolie compagne lui donnent une autre chance dans le sac porte-bonheur matrimonial - une chance de seconde main, mais toujours suffisamment excitante. Hélas! la vie après un certain âge est comme une bouteille d'eau gazeuse plate.

– Je ne le crois pas, répondit vigoureusement la dame au soufflet.

"Non; Je serais surpris si vous le faisiez. Vous êtes si sympathique et énergique. Vous vous jetez corps et âme dans les réunions Dorcas, les bazars, les soins infirmiers et les joies ou afflictions des autres. Maintenant, mes sympathies et mes énergies s'étendent rarement au-delà de Granby et de moi-même. Je deviens engourdi. Je peux à peine me défouler pour un bal ; même la perspective de se débarrasser de la vieille mère Brande ne me réveille pas. Cependant, quand j'aurai une charmante nièce à épouser — et à bien me marier — les choses prendront un autre aspect. Comme ce sera amusant d'éclipser les autres filles et leurs mères intrigantes ; comme c'est gratifiant de voir tous les meilleurs *partis* de la place ramper à ses pieds ! Ses triomphes seront les miens. Et Mme Langrishe ferma lentement ses lourdes paupières et parut – à en juger par son expression – enveloppée dans une vision béate. De cette contemplation délicieuse, elle fut brusquement rappelée par la question prosaïque :

"Quel âge a-t-elle?"

« Laissez-moi voir… mon cher, mon cher ! Oui, » assise droite et ouvrant au maximum ses beaux yeux, « pourquoi, strictement entre nous, elle doit avoir vingt-six ans. Comme le temps passe vite ! C'est la fille de mon frère aîné, issue d'une famille nombreuse. Fanny, ma sœur à Calcutta, l'a fait sortir il y a dix-huit mois, et maintenant elle est obligée de rentrer chez elle et veut me livrer Lalla.

«Je comprends», acquiesça son auditrice avec un signe de tête sagace.

« Comprenez-vous aussi que, simplement parce que Fanny et moi n'avons pas d'enfants, notre peuple semble s'attendre à ce que nous subvenions à ses rameaux d'olivier ? Je ne le vois pas vraiment moi-même, même si je leur envoie mes anciennes robes. Maintenant, laissez-moi vous lire ma lettre », la dépliant pendant qu'elle parlait.

« 450, Chowringhee, 22 février.

« CHÈRE IDA ,

« Les médecins ici disent que Richard doit définitivement rentrer chez lui immédiatement. Il est absent depuis trop longtemps et il est grand temps qu'un autre membre de la société prenne son relais à l'Est. Il a travaillé dur et il est essentiel pour lui d'avoir des vacances complètes ; et je dois l'accompagner, démarche à laquelle je n'étais absolument pas préparé. J'ai pris pour la saison une maison à Simla, que je pourrai facilement relouer et m'en débarrasser ; mais que dois-je faire de cette chère petite Lalla ?

« La pauvre enfant n'est sortie que l'année dernière par temps froid et ne supporte pas l'idée de quitter l'Inde — et ce n'est pas étonnant, avec un grand nombre d'admirateurs et une boîte de nouvelles robes qui vient d'atterrir par le bateau-poste ! J'avais eu l'intention de lui offrir une saison aussi gaie et de renvoyer Dick seul à la maison ; mais maintenant tous mes gentils petits projets ont été renversés — combien de temps, quelques jours, voire quelques heures, ici, changent tous les plans ! Et maintenant, pour en venir à l'essentiel de ma lettre : voulez-vous emmener Lalla ? Je ne lui confierais personne d'autre que sa propre tante, même si je sais que Mme Monty-Kute meurt d'envie de l'avoir. Vous lui trouverez une compagne des plus amusantes ; personne ne pouvait être ennuyeux avec Lalla à la maison. C'est une jolie fille, elle vous fera honneur et sera certainement la belle des lieux. Elle a une jolie petite voix, joue du banjo et de la guitare et danse comme une professionnelle. Quant à son caractère, rien au monde n'est capable de troubler son caractère serein - je ne sais pas de qui elle tient, car ce n'est pas un trait *de famille* - je ne l'ai jamais vue contrariée, et c'est plus qu'on ne peut en dire. pour une fille sur mille. En fait, c'est *une* fille sur mille. Je peux vous l'envoyer avec une jolie tenue, un nouvel habit et une nouvelle selle, ainsi que son poney, si vous le souhaitez. Je suis sûr, ma chère, que vous la recevrez si vous y parvenez ; et faites de votre mieux pour qu'elle soit bien *installée* , car vous savez que le pauvre Eustace a maintenant Charlotte et Sophie toutes grandes ; même mai a dix-huit ans. Vous êtes si intelligente, si populaire, si pleine de bon sens, ma très chère Ida, si supérieure à ma stupide personne, que si vous consentez à prendre Lalla sous votre aile, sa fortune est pratiquement faite. Nous avons engagé des passages dans le *Paramatta* , qui part le 12, écrivez donc par retour de courrier à

"Votre sœur bien-aimée,
" FANNY CRAUFORD .

"Fanny a tout à fait raison", dit Mme Langrishe avec une légère teinte de mépris dans son ton. « Elle n'est en aucun cas intelligente – juste une oie impulsive et de bonne humeur, sans la moindre touche de tact, et qui se laisse prendre et imposer de tous côtés. Je n'aurai pas le poney, c'est positif, et dix grammes de voyants pour la roupie.

"Alors vous êtes bien décidé à emmener la jeune dame ?" s'exclama son compagnon incrédule.

"Oui;" maintenant penchée en arrière et serrant deux longues mains blanches derrière sa tête. « Jolie, amusante, accomplie, de bonne humeur – je ne vois pas *comment* je pourrais dire non cette fois, même si jusqu'à présent je me suis fermement opposée à l'idée de quitter une de mes nièces. J'ai toujours dit que c'était terriblement injuste envers Granby. Cependant, cette nièce est en fait bloquée à la campagne, et il semblerait si étrange que je refuse ; d'ailleurs, j'aimerais l'avoir ; nous nous bénéficierons mutuellement. Elle m'amusera, me rajeunira ; soyez utile dans la maison : arrangez des fleurs, écrivez des notes, faites-moi la lecture, époussetez les décorations, préparez du café et de la salade, et faites toutes sortes de petits travaux, et finalement couvrez-moi de gloire en faisant le match de la saison !

– Et de votre côté, quel sera votre *rôle* ?

« Je lui donnerai une charmante maison ; J'aurai ici tous les meilleurs hommes, et je l'emmènerai partout ; donne-lui, s'il le faut, quelques nouvelles robes de bal élégantes et ce manteau de théâtre trop délicieux et devenu trop petit pour moi.

"Ou tu es trop grand pour ça, lequel?" » demanda Mme Sladen en haussant légèrement les sourcils.

"Milly, comme tu peux être odieuse!"

« Et à propos du major Langrishe ? continua Milly, sans vergogne.

« Oh, Granby ira bien ; mais il faut que j'écrive à Fanny par ce courrier, et que je lui dise que je serai enchantée d'avoir Lalla. Verse le thé comme une bonne petite créature, pendant que je griffonne une ligne ; le dak descend à six heures.

L'autre dame, qui avait allumé le feu et préparait maintenant le thé, n'était pas, comme on pourrait le supposer, la maîtresse de maison, mais simplement une vieille amie qui était venue bavarder par ce froid après-midi de mars. C'était une femme mince et délicate, avec des cheveux noirs, des yeux noirs et de nombreuses rides sur son visage maigre et soucieux, bien qu'elle ait à peine trente ans. Personne n'a jamais rêvé de qualifier Mme Sladen de jolie, mais la plupart des femmes l'ont élue « une chérie » et tous les hommes « une petite brique ». Mariée dès l'adolescence, avant de savoir ce qu'elle pensait (mais quand ses relations étaient bien décidées), à un vieillard éligible, elle était devenue, dès l'heure où elle quittait l'autel, l'esclave d'un mari égoïste et irascible, dont l'horizon mental était bordé par deux tables – la table du dîner et la table de jeu – et dont les affections étaient entièrement centrées sur sa propre personne corpulente. Les gens de Milly Fraser étaient sur le point de quitter l'Inde ; ils étaient pauvres ; ils avaient une famille nombreuse et chère à la maison ; autrement, ils auraient pu hésiter avant de confier leur jolie Milly (elle *était* jolie à l'époque) à un homme qui avait plus du double de son âge, alors qu'il touchait un bon salaire et que sa veuve bénéficierait d'une pension. Ils auraient découvert, s'ils s'étaient renseignés, qu'il était lourdement endetté auprès des banques ; qu'il ne pouvait garder un ami ou un domestique ; et qu'après tout, le pauvre jeune Hastings, du corps d'état-major, qu'ils avaient si impitoyablement snobé, aurait fait un gendre plus satisfaisant.

Mme Sladen avait deux petites filles en Angleterre, auxquelles son cœur soupirait – des petites filles élevées parmi des étrangers dans une école de banlieue bon marché. Combien de fois son mari avait-il solennellement promis que « l'année prochaine elle rentrerait à la maison et verrait les enfants » ; mais, le moment venu, il endurcissait invariablement son cœur, comme Pharaon, roi d'Égypte, et ne la laissait pas partir. Si elle y allait, qui devait gérer la maison et les domestiques, et s'occuper de son dîner et de son confort ? *Il* n'allait pas être laissé entre les mains d'un khansamah ! Et d'ailleurs, d'où venait l'argent pour son passage ? Il n'avait pas une roupie à revendre (pour elle).

Le colonel Sladen était un homme avisé lorsqu'il s'agissait de ses propres intérêts. Il était conscient du fait qu'il n'était pas populaire, mais que les choses lui étaient rendues agréables partout pour le bien de la malheureuse dame qu'il harcelait, intimidait et conduisait avec une langue comme le coup de fouet d'un esclavagiste. Oui; si elle rentrait chez elle, cela ferait une grande différence dans son confort, socialement et physiquement. Elle lui avait épargné bien des rebuffades grossières ; beaucoup de bonté lui furent faites à cause d'elle ; et plus d'une femme remercia avec ferveur son bon génie de ne pas être sa femme. Malgré son partenaire peu sympathique, Mme Sladen parvenait à être joyeuse, généralement brillante et souriante, prête à soigner les malades, à décorer le club pour les danses, à aider les filles à composer des robes de bal, à ouvrir son cœur à tous leurs problèmes, et de leur donner de la sympathie et des conseils judicieux. « Oh, n'épousez pas un homme simplement parce que votre peuple le souhaite », aurait-elle pu dire (mais elle ne l'a jamais fait), « et simplement parce qu'il est considéré comme un bon parti ; il vaut bien mieux rentrer chez soi et gagner son pain en tant que vendeur, ou même esclave. Tirez une leçon de *mon* destin.

Mme Langrishe, en revanche, dirigeait sa chère Granby avec une emprise ferme mais gracieuse. *Leur* match s'était déroulé en Angleterre et s'était révélé, sur un certain point, une déception mutuelle et sévère. Eh bien, « déception » est un vilain mot ; devrions-nous dire « surprise » ? Le capitaine Langrishe avait été attiré par le beau visage d'Ida Paske, son maintien majestueux et ses magnifiques toilettes. Il était impressionné par sa superbe indifférence pour l'argent : la rumeur lui donnait de gros revenus, et la rumeur n'avait aucun fondement réel pour cette agréable affirmation. Ida faisait partie d'une famille nombreuse, était belle, autonome, ambitieuse et avait vingt-huit ans. Ses robes n'étaient pas payées et son visage était sa fortune. Elle, de son côté, estimait que le petit officier à l'air insignifiant, dont le profil pâle ressemblait exactement à celui d'un tableau de bois, était extrêmement riche. Lui aussi affectait de mépriser les dépenses, entretenait des chasseurs et parlait de son yacht. Il partait immédiatement pour l'Inde, et le mariage fut précipité ; mais bien avant que l'heureux couple eût atteint Bombay, ils avaient découvert la véritable situation. Il savait que son épouse était sans le sou ; et elle savait que les chasseurs avaient été embauchés, que le yacht avait été un prêt, et que trois cents dollars par an, outre son salaire, constituaient la limite maximale de la bourse de son mari. Ils formaient un couple sage et tiraient le meilleur parti des circonstances ; et peu à peu, le capitaine Langrishe en arriva à la conclusion qu'il avait mis la main sur un trésor, après tout ! Son Ida était pleine de tact et de sagesse du monde et possédait des pouvoirs administratifs du plus haut niveau. Elle a compris l'art de sauver les apparences et a mis à son cœur ce texte scripturaire qui dit : « Tant que tu te feras du bien, les hommes diront du bien de toi. » Elle assurait à son mari un foyer confortable, étudiait ses goûts, flattait ses faiblesses, était toujours sereine, affectueuse et bien habillée. Ses dîners étaient petits mais célébrés ; ses entrées et plats savoureux, un secret entre sa cuisinière et elle. Elle ne dispensait pas d'hospitalités aveugles ; non, elle recevait simplement quelques fonctionnaires importants, des femmes élégantes et des hommes populaires, qui seraient disposés à faire connaître à l'étranger la renommée de ses délicates fêtes et à la rembourser avec intérêts. Les gens minables et les connaissances insignifiantes n'ont jamais vu l'intérieur de sa demeure, qui incarnait le confort et le goût. Ses robes étaient bien choisies et coûteuses ; les diamants brillaient à ses doigts et à son cou ; et bien que, jusqu'à récemment, elle fût l'épouse d'un capitaine, son air et son attitude calme et confiante étaient tels que les épouses des hauts fonctionnaires l'acceptaient docilement à sa propre valeur, et la laissaient souvent les rejeter à l'arrière-plan et usurper leur place. Ses capacités étaient telles que les gens l'ont suivi et ont apprécié une invitation à un thé de l'après-midi avec Mme Langrishe bien au-dessus d'un dîner élaboré avec des hôtesses moins exclusives.

Ni les attaques furieuses de ses ennemis (et elle n'en avait pas quelques-uns), ni les indiscrétions occasionnelles de ses amis n'ont jamais ébranlé le tempérament égal de cette prétendue « grande dame ». C'était un fait étonnant mais évident qu'elle occupait invariablement, pour ainsi dire, un siège principal ; qu'elle était toujours annoncée à son arrivée à une gare — rencontrée, divertie et, à regret, accélérée. Tandis que des dames aussi dignes languissaient dans le bungalow dâk et conduisaient dans des ticca gharries branlants, elle avait à sa disposition les voitures des rajahs et était comblée d'attentions et d'invitations. Tout cela était sûrement largement suffisant pour que ces femmes « parlent d'elle » et la tiennent à bout de bras. Les hommes qui connaissaient les ressources du capitaine Langrishe s'émerveillaient entre eux et disaient : « Grand-mère a très peu de choses en dehors de sa solde ; comment diable fait-il ? Regardez les robes de sa femme ! Et ils donnent les meilleurs dîners de la place. Il y aura un beau fracas là-bas un jour ! Mais les années ont passé et il n'y avait aucun signe d'une telle crise. La vérité était que Granby Langrishe avait épousé une femme extrêmement compétente — une femme qui connaissait parfaitement l'art de la promotion distinguée et de la publicité personnelle. Elle avait constamment poussé son mari au front, et il bénéficiait désormais d'une excellente nomination au prix des deux larmes de rosée qui brillaient dans les yeux expressifs de son Ida lorsqu'elle déplorait sa malchance auprès d'un personnage influent. Les Langrishe touchaient deux mille roupies par mois et étaient tenus dans une estime correspondante.

Mme Langrishe n'a pas l'air d'avoir quarante ans, loin de là. Elle a pris grand soin d'elle-même : pas de lever matinal, pas de visite à midi, pour cette sage matrone. Elle est grande, avec une belle taille, hélas ! devenir un peu gros; ses sourcils sont droits et dessinés au crayon ; au-dessous d'eux brillent une paire d'yeux gris efficaces ; ses traits sont délicatement découpés ; si son visage a un défaut, c'est que sa mâchoire est un *peu* trop carrée. Quoi qu'on puisse dire d'Ida Langrishe, on ne peut nier qu'elle est remarquablement belle et aussi intelligente qu'elle est belle. En tant que célibataire, elle n'avait pas entièrement réussi ses propres objectifs ; mais ce serait dur si, avec son intelligence, son entourage et sa précieuse expérience, elle n'épousait pas brillamment sa nièce.

CHAPITRE II.
"DITES-MOI TOUTES LES NOUVELLES."

Les portes-fenêtres du salon de Mme Langrishe s'ouvraient sur une profonde véranda en pierre ornée de chèvrefeuille et de passiflores, et offraient une vue incomparable, quel que soit le premier plan, dans lequel le pousse-pousse de Mme Sladen est l'élément principal, ou le balayage de gravier. jardin d'herbe et parterres de roses hivernales pâles ; mais au-delà des collines couvertes de pins, parmi lesquelles se dessinent des toits rouges, au-delà de la vallée des rhododendrons et d'une gamme pourpre audacieuse, voici les neiges ! une longue, longue barrière de collines éternelles, telle que les yeux du psalmiste n'avaient jamais été levés. Les gens peuvent murmurer qu'ils ont été déçus par le Taj, que Delhi était une illusion et que le marbre était un piège ; mais qui peut affirmer que les neiges furent au-dessous de ses espérances ? Et s'il le disait, qui le croirait ? La brise du soir est crue et glaciale, elle a parcouru soixante milles depuis ces pentes glacées, elle grimpe le khud et avertit les roses frissonnantes que le soleil s'est couché - elle remue les déodars solennels alors qu'ils se dressent en silhouette sombre sur le ciel.

Mme Langrishe, se levant de sa table d'écriture, une lettre à la main, revient vers son amie, qui est de nouveau assise sur le tabouret, regardant le feu, pensant, peut-être, à ces jours révolus où *elle* était une fille dont des amis étaient impatients de l'installer.

«Milly», dit son hôtesse, «vous passez devant la poste et vous pouvez poster ceci pour moi; tu ferais mieux de partir maintenant, ma chérie, car tu sais que tu as mal à la gorge et qu'il se fait tard.

Mme Sladen se leva aussitôt ; elle avait l'habitude d'être envoyée faire des courses et d'être utilisée par ses intimes. Elle enfila ses gants bon marché, enroula son boa filandreux autour de son cou et tendit la main pour prendre la lettre qui devait amener Miss Paske à Shirani. Alors que son amie se baissait et l'embrassait, elle la regarda avec nostalgie et dit :

« Ida, si cette fille vient à toi, tu ne la considéreras pas uniquement comme un article commercialisable, n'est-ce pas ? Vous lui permettrez de se marier, si elle se marie, pour se faire plaisir, n'est-ce pas, ma chère ?

"Espèce de petite personne idiote et romantique!" s'exclama l'autre en lui tapotant la joue avec deux doigts solides et effilés. « Quelle question absurde. Comme si une fille était jamais mariée contre son gré en ces jours éclairés ! »

Mme Sladen ne fit aucune réponse autre qu'un soupir involontaire. Elle sortit jusqu'à la véranda, monta dans son pousse-pousse sans ajouter un mot et, avant de s'éloigner, fit un signe d'adieu quelque peu mélancolique à son bel ami à l'air prospère qui, vêtu d'une riche robe de thé, s'était encadré pour un moment dans l'embrasure de la porte ouverte, et cria impérieusement :

« Le courrier part à six heures ; vous n'avez que dix minutes. Puis, avec un frisson, Mme Langrishe ferma la fenêtre et retourna à son confortable coin du feu. "Pauvre Milly!" marmonna-t-elle en réchauffant un pied bien chaussé. « Elle a toujours été étrange et sentimentale. Se marier pour se faire plaisir, oui, bien sûr, mais il faut qu'elle se marie aussi pour *me plaire* !

Un pousse-pousse (le moyen de transport populaire dans les stations de montagne de l'Himalaya) est une sorte de chaise de bain ou de poussette pour adultes, légère et intelligente, tirée et poussée par quatre hommes ; il vole sur des routes plates et descend des collines aussi rapidement qu'un chariot à poney, surtout si vos Jampannis courent dans une autre équipe.

Le pousse-pousse de Mme Sladen était vieux ; le capuchon, en cuir américain bon marché, était craquelé et cloqué, il y avait une liste sur un côté, et ses Jampannis portaient les vêtements miteux de l'année dernière – mais leur maîtresse faisait de même ! Alors qu'ils dévalaient la colline, ils ont failli entrer en collision avec le véhicule à ressorts cee de Dyke et un quatuor d'hommes vêtus de brillantes livrées bleues et jaunes (de Rickett). Le pousse-pousse contenait une dame âgée aux proportions généreuses, aux cheveux blonds et au beau visage enjoué surmontant deux menton. C'était Mme Brande, l'épouse de Pelham Brande, Esq., un membre distingué de la fonction publique.

« Kubbardar, Kubbardar ! – prends soin de toi, prends soin de toi ! elle a crié. Puis à Mme Sladen : « Mon Dieu ! comme tu voles ! mais tu es un poids léger. Eh bien, viens à moi, ma chère, et raconte-moi toutes les nouvelles ; cet endroit est aussi ennuyeux que l'eau d'un fossé, il y a si peu de monde ici. L'année prochaine, je ne viendrai pas si tôt.

«Je crois que chaque maison est prise», dit joyeusement Mme Sladen, alors qu'ils roulaient côte à côte. "Même les Cèdres, le Monastère et Haddon Hall."

« Vous ne le dites pas ! Les cheminées fument au-delà de tout. Je plains celui qui y va.

"Un célibataire, je crois, un capitaine Waring, l'a pris pour la saison, car c'est proche du désordre."

« Dans le régiment qui avance : les Scorpions ? »

"Non ; Je crois qu'il est hors service et qu'il vient pour le temps chaud et pour essayer de tirer quelques coups au Thibet plus tard.

"Alors il doit avoir de l'argent?" secouant la tête avec sagacité.

«Oui, j'ose dire que oui. On me dit que ce sera une saison gay.

"C'est ce qu'ils disent toujours", répondit Mme Brande avec impatience. «Je le croirai quand je le verrai. Mais j'ai entendu dire que Mme Kane attend un frère baronnet : il vient voir les collines ; il a parcouru le monde tout l'hiver. Et donc vous avez été avec la duchesse… elle est toute seule, n'est-ce pas ?

« Oui, pour le moment ; mais elle aura bientôt une nièce avec elle, une nièce de Calcutta.

"Une niece!" brusquement, et se penchant à moitié hors du pousse-pousse. "Quelle nièce?"

« La fille de son frère, Miss Paske ; On dit qu'elle est très jolie et accomplie, et attirante à tous points de vue.

"Tu n'as pas besoin de me dire *ça* !" avec des accents de mépris concentré. « Mme Langrishe est-elle du genre à s'en prendre à une fille laide ? Elle va organiser de grandes fêtes maintenant ; tous les jeunes gens riches et le *baronnet* – pas de pauvres subalternes, vous verrez – et elle s'en débarrassera en un rien de temps. C'est exactement le genre de chose qui lui plaira, et une bonne excuse pour avoir des meutes d'hommes qui traînent autour de la maison.

"Oh, Mme Brande, vous savez que ce n'est pas son style", a postulé son compagnon.

"Eh bien, eh bien, c'est ton amie, une camarade de classe aussi, même si *tu* as dû être à l'école maternelle, alors je n'en dirai pas plus, mais tu sais que je ne suis pas double face, et je ne peux pas supporter. elle, et ses airs, et ses projets, et elle se poussait toujours vers l'avant, et s'asseyait sur le banc du général, et était la première à inviter ce prince autrichien à dîner, et se levait lors des fêtes et naviguait devant la femme du commissaire. — quelle impudence ! — et on la supportait. Si la pauvre petite Mme Jones devait faire de telles choses – et elle a un meilleur droit, étant une fille d'honorable – j'aimerais savoir ce qui serait dit ? Mais il n'y a aucune crainte de Mme Jones ; *elle* n'a pas d'airain », et Mme Brande eut un rebond qui fit frémir les ressorts cee !

"Maintenant, Mme Brande, vous oubliez qu'Ida est mon amie."

« Oui, et mieux vaut être son amie que son ennemie ! Eh bien, voici mon tour, et ici nous nous séparons » ; et, d'un geste d'adieu de sa main potelée, Mme Brande se précipitait sur la route étroite qui menait à la meilleure maison de Sharani – sa propre demeure confortable et hospitalière.

Mme Sladen posta sa lettre et se dirigea vers le club et la salle de lecture, un bâtiment long et bas donnant sur une série de terrasses et de courts de tennis, et le principal lieu de villégiature de toute la gare. Alors qu'elle franchissait le portail, elle rencontra un monsieur âgé, aux sourcils froncés, à la moustache grise et grossière, et à la silhouette corpulente, monté sur un gros poney noir.

«Je te cherchais partout», beugla-t-il; « Où étais-tu donc ? Vous buvez du thé comme d'habitude, je suppose ? Soper et Rhodes viennent tenter leur chance, alors rentrez chez vous immédiatement – et, dis-je, j'ai entendu dire qu'il y a du poisson à Manockjees, montez simplement ; passez sur votre chemin et récupérez-le dans le pousse-pousse.

Sortez le colonel Sladen vers son caoutchouc du soir ; sortez Mme Sladen pour rapporter à la maison du poisson qui a beaucoup voyagé et peut-être pour préparer la majeure partie du dîner.

CHAPITRE III.
"D'AUTRES PERSONNES ONT AUSSI DES NIÈCES."

Mme Sladen n'avait pas seulement donné une nouvelle à Mme Brande ; elle lui avait présenté une grande idée, une idée qui prenait racine, grandissait et s'épanouissait dans l'esprit un peu vide de cette dame, assise seule dans son salon devant un agréable feu de bois, qu'elle partageait impartialement avec un homme élégant et élégant. - fox-terrier conscient.

Tout le monde a admis qu'il était une fois « la vieille mère Brande » qui devait être une belle femme. Même aujourd'hui, sa peau claire, ses yeux bleus et ses traits ciselés lui valent le rang d'une épave hautement respectable. Qui aurait cru que Pelham Brande, raffiné, exigeant et cynique, épouserait la nièce d'un logeur ? Peut-être s'il avait prévu la carrière qui l'attendait, combien il allait connaître un succès inattendu et suprême, comment la lumière féroce, inséparable des hauts lieux, allait frapper sa blonde Sarabella, aurait-il hésité avant de prendre une décision aussi téméraire. et étape romantique. Il ne pensait pas que sa blonde Sally, qui l'avait si bien servi, serait un jour elle-même servie par de magnifiques chupprassis du gouvernement vêtus d'écarlate ; ou qu'elle était obligée de sortir d'une pièce devant les épouses des généraux et des juges, et qu'elle aurait une « position » à conserver ! Mais qui est aussi sage à vingt-deux ans qu'à cinquante-deux ans ? À vingt-deux heures, Pelham Brande venait de passer pour la fonction publique indienne et logeait à Londres ; et alors qu'il se préparait pour le barreau, il attrapa la fièvre typhoïde et faillit mourir. Il était soigneusement soigné par Mme Batt, sa logeuse et sa charmante nièce Sarabella, qui était aussi belle qu'une rose de juin et aussi innocente qu'un agneau de mars.

Les meilleures autorités médicales nous assurent que rien n'est plus propice à la convalescence qu'une infirmière habile et jolie, et sous l'influence des soins de Sara, M. Brande fit de rapides progrès vers la guérison, mais fut victime d'une autre maladie qui se révéla incurable. Il ne demanda ni permission ni conseil à ses proches, mais épousa son épouse un matin à St. Clement Danes, fit un voyage d'une semaine à Douvres et deux passages en première classe à Bombay.

En règle générale, les jeunes civils sont envoyés sans pitié dans des districts solitaires de la jungle, où ils ne voient plus aucun visage blanc pendant des semaines, et leurs seuls associés sont leurs subordonnés indigènes, leurs équipes de domestiques et les simples habitants des villages voisins. De temps en temps, ils peuvent tomber par hasard sur un fonctionnaire de l'opium ou un officier forestier et échanger des cheroots et des journaux ; mais ces rencontres sont rares. Après une carrière universitaire bien remplie, après une immense tension sur les facultés mentales, nécessaire pour réussir un examen sévère, la similitude morte de cette vie, le silence et la solitude de la jungle (aggravés par le bavardage naïf du babou du bureau) suffisent. pour déstabiliser l'esprit le plus fort. Des kilomètres et des kilomètres des repaires de ses compatriotes, des livres et des télégrammes, et de l'agitation et de l'excitation des associations habituelles, du plongeon du rugissement des rues de Londres et de la vie sous haute pression, à la vie dans un quartier solitaire de l'arrière-pays. , est en effet désespéré ; surtout si les yeux et les oreilles du nouveau venu ne sont pas ouverts au grand livre de la Nature, s'il ne voit aucune beauté dans les arbres majestueux, les étendues de céréales ondulantes, les temples vénérables et les couchers de soleil splendides ; s'il ne se soucie pas de battre le cochon ou de tirer sur la bécassine assoiffée, mais qu'il reste simplement assis à la porte de sa tente dans la fraîcheur du soir, ses travaux sont terminés et languit pour le polo, les cartes et le théâtre. Alors il pourrait bien maudire son sort ; il est indéniablement en mauvaise posture.

Pelham Brande n'avait rien à craindre de la solitude ou *de l'ennui* . Sara a fait de lui un excellent compagnon. Elle apprit la langue et les coutumes avec une facilité surprenante ; elle se révéla une excellente femme de ménage, et aussi effrontément acharnée à négocier que n'importe quelle vieille sorcière indigène. Mais elle n'a jamais aimé les livres ni la lettre « h ». Pendant des années, les Brande vécurent dans des quartiers isolés et des gares insignifiantes, jusqu'à ce que, peu à peu, ses services et ses capacités le conduisent au front. À mesure que le temps avançait, sa femme diminuait en apparence et augmentait en volume, et ses goûts et ses excentricités se fixaient. Pelham n'avait pas vraiment honte de son partenaire, mais il était conscient du fait que, avec une gentille dame cultivée à la tête de son établissement, il aurait occupé une position sociale bien plus agréable. Mais il n'a jamais admis – ce que ses amis affirmaient haut et fort – que, alors qu'il était assis en face de Sara jour après jour, il était également face à face avec la seule grande erreur de sa vie !

À deux reprises, il l'avait emmenée en Australie pendant six mois, mais jamais (et elle ne le souhaitait pas) dans son pays natal. Il y a des années, il s'est enfui lui-même chez lui et a été reçu par ses parents, comme les relations accueillent généralement un homme riche, sans enfants et qui a réussi. Ils se décidèrent même à demander, un peu timidement, Sara ; et elle, de son côté, leur envoya de généreux envois de poudre de curry, de poivron rouge et sa propre marque de chutney spéciale et célèbre. La bonne dame n'avait pas beaucoup de ressources en dehors du ménage. Elle lisait le quotidien, et de temps en temps un roman de société, s'il était abondamment peuplé de seigneurs et de dames ; elle pouvait écrire une note ordinaire, une invitation ou un refus, ainsi qu'une lettre (avec un dictionnaire à côté d'elle). Elle aimait ses vaches et ses volailles et adorait son chien Ben ; a donné des dîners excellents, mais désespérément ennuyeux ; habillé somptueusement dans des couleurs magnifiques; apprécié les potins; adorait jouer au whist et détestait Mme Langrishe. Elle menait une vie monotone et inoffensive, vibrant entre collines et plaines à chaque saison, avec une régularité d'horlogerie.

Alors que Mme Brande était assise devant son feu et regardait la pinède crépiter, elle n'était pas contente. Officiellement, elle était la dame en chef du lieu, la « Burra mem sahib » ; mais l'intelligente Mme Langrishe était le véritable chef de la société et emportait tous les honneurs, le noyau, pour ainsi dire, de la distinction, ne lui laissant que la misérable coquille. Avec une jeune et jolie fille pour compagne, elle serait plus insupportable et plus recherchée que jamais. Dans l'état actuel des choses, elle, Sara Brande, ne pouvait guère lui résister ; et une fois que son ennemi serait allié à une nièce charmante et populaire, elle pourrait, au sens figuré, déposer les armes et mourir. C'était une vieille femme sans amis et désolée. Si sa petite Annie avait vécu, cela aurait été différent ; et elle n'avait aucun bien, aucune nièce. Non! mais — heureuse pensée ! — Pelham n'en avait pas moins de trois, qui étaient pauvres et, de toute évidence, jolies. Il avait aidé leur mère, sa sœur, à les éduquer ; il leur envoyait de l'argent de temps en temps. Pourquoi n'adopterait-elle pas une de ces filles et n'aurait-elle pas aussi une nièce ? Oui, elle s'écrirait elle-même ; elle parlerait à Pelham le soir même après le dîner (c'était son dîner préféré). Plus elle s'habituait à l'idée, au fur et à mesure qu'elle la réfléchissait, plus elle était remplie de plaisir, de détermination et d'anticipation. L'itinéraire de la jeune fille, le bateau à vapeur, la chambre, les robes étaient déjà choisis, et elle était en train de choisir son futur mari, lorsque M. Brande entra, vif et affamé.

Après le dîner, alors que M. Brande fumait une cigarette, sa femme astucieuse ouvrit le sujet qui lui tenait à cœur et remarqua, en lui tendant une tasse de café parfumé :

« Pelham, tu es souvent en tournée, n'est-ce pas ? et je me sens rarement seul, je peux vous le dire. Je ne suis plus aussi actif ni aussi joyeux qu'avant. Je suis trop vieille pour danser, jouer au tennis et monter à cheval. Non pas que j'aie jamais été très à leur écoute.

« Eh bien, tu veux venir en tournée ? ou dois-je t'acheter un poney, ou t'embaucher un compagnon ? » demanda facétieusement M. Brande, un homme aux cheveux gris, rasé de près, avec de fines lèvres mobiles, des yeux perçants et, à une petite distance, une apparence singulièrement enfantine. "Qu'est-ce que tu aimerais faire?"

"J'aimerais monter à cheval et danser par procuration", fut la réponse inattendue. « Invitons à sortir avec une de ces filles Gordon, vos nièces. Je serais très gentil avec elle ; et tu sais, Pel, je suis une créature solitaire, et si notre petite Annie avait vécu, je ne voudrais pas emprunter la fille d'une autre femme pour me tenir compagnie.

M. Brande regardait sa femme avec une expression sévèrement judiciaire ; elle se détendait en parlant de leur enfant unique, enterré au loin, sous un tamarinier, aux confins du Népal.

Oui, leur petite Annie aurait eu vingt-cinq ans si elle avait vécu, et sans doute aussi belle que Sally Batt, qui lui avait tourné la tête, mitigé ses succès, et qu'il se repentait rarement d'avoir épousée.

« Votre sœur a trois filles, continua-t-elle, et elle se porte mal. Quelle est la pension de la veuve d'un colonel ? Eh bien, moins que ce que certains donnent à leurs cuisiniers.

« Ce n'est certainement pas considérable, et Carrie a déjà assez de mal à joindre les deux bouts ; elle n'a jamais été une grande manager. Mais, Sally, une fille représente une grande responsabilité et tu n'es pas habituée aux jeunes.

"Non; mais je peux apprendre à les étudier, car je les aime. Dis « oui », Pel, et j'écrirai. Bien entendu, nous paierons son passage et je la retrouverai moi-même à Allahabad.

M. Brande jeta le bout de sa cigarette dans le feu, fixa fermement son lorgnon sur son œil et contempla sa femme en silence. Enfin il dit :

« Puis-je vous demander ce qui vous a mis cette idée en tête tout d'un coup ? »

« Ce n'est pas exactement soudain », balbutia-t-elle ; « J'ai souvent une sorte de sentiment de solitude. Mais je dois honnêtement dire que je n'avais jamais pensé à votre nièce jusqu'à aujourd'hui, quand j'ai appris que Mme Langrishe allait chercher une des siennes de Calcutta.

M. Brande enfila précipitamment le verre sur son gilet et poussa un sifflement particulièrement long.

"Je vois! Et vous n'allez pas être battu par Mme Langrishe – vous voulez diriger une fille de l'opposition et essayer laquelle aura les plus belles robes, le plus de partenaires et se mariera la première ? Non, non, Sally ! Je refuse catégoriquement de me prêter à un tel projet, ou de permettre à l'une des filles de Carrie de participer à ce genre de concours. Et il croisa les jambes et prit une autre cigarette.

« Mais écoute-moi, Pel », se levant tandis qu'elle parlait ; « Je vous déclare que je ne ferai pas ce que vous dites et, de toute façon, *votre* nièce sera dans une situation tout à fait différente de celle de la fille de Langrishe. Je serai aussi bon envers elle que si elle était la mienne – je le ferai en effet ! et sa voix tremblait d'impatience. « Je suis facile à vivre – regardez combien de temps je garde mes serviteurs », plaida-t-elle. « Ces Gordon sont vos plus proches parents ; tu devrais faire quelque chose pour eux. Je suppose qu'ils viendront chercher tout votre argent. Votre sœur est délicate, et s'il lui arrivait quelque chose, vous devrez prendre, non pas une fille, mais les *trois entières* . Comment aimeriez-vous cela ? Maintenant, si l'une d'elles était bien mariée, elle ferait un foyer pour ses sœurs.

« Vous devenez un véritable orateur, et il y a quelque chose dans ce que vous dites. Eh bien, je vais y réfléchir et je vous le dirai demain, Sally. Quant à leur laisser mon argent, je n'ai que cinquante-deux ans et j'espère vivre pour en dépenser moi-même une bonne part. Et puis M. Brande s'est lancé dans un journal littéraire et a fait semblant de s'absorber dans son contenu. Mais bien qu'il ait le journal devant lui, il ne lisait pas ; il tenait conseil avec lui-même.

Il n'avait pas vu les filles de Carrie depuis qu'elles comptaient leur âge à deux chiffres ; ils étaient ses plus proches parents, étaient très pauvres et menaient une vie ennuyeuse dans une partie isolée du monde. Oui, il devrait faire quelque chose, et cela plairait à la vieille dame de lui donner une compagne, et une jolie et fraîche figure jeune à la maison ne lui serait pas désagréable. Mais que penserait une Anglaise raffinée et bien éduquée de sa tante, avec ses robes criardes, sa mauvaise grammaire, sa manie de la préséance et ses manières brusques et non conventionnelles ? Eh bien, une chose était sûre, elle découvrirait bientôt qu'elle avait une main généreuse et un cœur bon.

Le lendemain matin, M. Brande, ayant dûment dormi sur le projet, donna son consentement et un chèque, et Mme Brande fut si éblouie par son projet, et si étourdie par tout ce à quoi elle avait à penser, qu'elle additionna son compte de bazar. tort, et a donné au cuisinier un verre de vinaigre par erreur pour du sherry, ce qui a eu un effet fatal sur un pudding par ailleurs excellent.

Afin de rédiger sa lettre confortablement et sans distraction, Mme Brande s'est enfermée dans sa propre chambre, avec du matériel d'écriture et un dictionnaire, et a dit au porteur de n'admettre personne, pas même Mme Sladen. Après deux brouillons et deux heures de dur labeur, l'importante épître fut terminée et adressée, et tandis que Mme Brande la tamponnait d'une main ferme, elle se dit à haute voix :

«J'espère que Ben ne sera pas jaloux. J'espère qu'il l'aimera !

C'était le jour du courrier, Mme Brande l'apporta elle-même au courrier, et alors qu'elle se détournait de le déposer dans la boîte, elle rencontra sa grande rivale qui montait les marches, escortée par deux hommes. Mme Langrishe était toujours charmante envers son ennemi, parce que c'était une mauvaise manière de se quereller, et elle savait que ses jolies phrases et ses sourires agréables exaspéraient l'autre dame au dernier degré ; et elle dit, en tendant cordialement une main soigneusement gantée :

"Comment vas - *tu* ? Je ne t'ai pas vu depuis des années! Je sais que c'est mon affaire d'appeler, car je suis arrivé le dernier ; mais en réalité j'ai tant d'engagements et de telles tribus de visiteurs… »

"Oh, je t'en prie, ne t'excuse pas !" s'écria Mme Brande en rougissant ; "J'avais complètement oublié, je pensais vraiment que tu avais appelé!" (Que Sara Brande soit pardonné pour ce terrible mensonge.)

C'était maintenant au tour de Mme Langrishe de lui administrer une petite morsure.

"Bien sûr, vous allez dîner chez les Maitland-Perry la semaine prochaine?" (sachant bien qu'elle n'avait pas été invitée). «Tous ceux qui sont *n'importe* qui doivent être là. Il n'y en a pas encore beaucoup, il est si tôt ; mais ce sera d'une intelligence hors du commun – dans la mesure du possible – et donné pour le baronnet !

"Non, je n'y vais pas, on ne me l'a pas demandé", répondit Mme Brande avec une gorgée. Elle disait généralement la vérité, même si elle était à contre-courant.

« Pas demandé ! comme c'est très étrange. Eh bien," avec un sourire apaisant, "j'ose dire qu'ils vous auront lors de leur *prochain* . J'ai entendu dire que nous devons nous attendre à une saison plutôt gaie.

"Et on m'a dit qu'il n'y aurait pas d'hommes."

"Vraiment! Cela ne vous affectera pas beaucoup, puisque vous ne montez pas à cheval, que vous ne dansez pas et que vous ne faites pas de pique-nique ; mais c'est une triste nouvelle pour moi, pauvre, car j'attends une nièce de Calcutta, et j'espère que l'endroit sera animé.

"Mais cela me *dérange* , Mme Langrishe, autant que vous", rétorqua l'autre en hochant la tête triomphalement. « Peut-être ne savez-vous pas que j'attends aussi une nièce ? (Comment Mme Langrishe aurait-elle pu deviner ce que la bonne dame elle-même ne savait qu'au cours des dernières heures ?) « Le vôtre vient de Calcutta, mais le mien vient d'Angleterre ! Et son regard laissait entendre que l'importation directe en Europe constituait une classe d'envoi très supérieure. Puis elle a ajouté : « D'autres personnes ont aussi des nièces, voyez-vous ! Et avec un magnifique salut, elle dévala les marches, s'emmitoufla dans son pousse-pousse et fut entraînée au loin.

Mme Langrishe regardait les quatre jampannis bleus et jaunes disparaître rapidement dans un nuage de poussière, avec un sourire d'amusement malicieux.

"D'autres personnes ont aussi des nièces, tu vois!" se tournant vers ses compagnes avec un mimétisme admirable. « Elle n'est pas en reste. Quel plaisir c'est ! Vous ne pouvez pas imaginer à quoi elle ressemblera ? Mrs. La nièce de Brande, venue d'Angleterre ? Sinon, je peux vous informer. Elle aura des cheveux couleur sucre d'orge, des vêtements aux couleurs de l'arc-en-ciel, et pas un « h » !

CHAPITRE IV.
LES TROIS JEUNE FEMME DE HOYLE.

Il était vrai que Mme Gordon et ses filles résidaient dans une région du monde ennuyeuse et isolée ; mais ils ne pouvaient pas s'en empêcher. Ils vivaient à Hoyle, d'abord parce que c'était bon marché ; et, en second lieu, parce que vivre à Hoyle était désormais devenu une seconde nature pour Mme Gordon, et que rien d'autre qu'un incendie ou un tremblement de terre ne pouvait l'enlever.

Hoyle se trouve dans le sud de l'Angleterre, à quelques pas d'une plage de galets, et offre une vue imprenable sur les côtes blanches de France. C'est un hameau démodé, en retard d'au moins cinquante ans, où le couvre-feu est encore sonné, la vue d'une enveloppe télégraphique n'est interprétée que comme un messager de mort, et est coupé du monde extérieur bouillonnant par le grand étendue du marais Romney. Par respect pour cette époque *fin de siècle* , une seule ligne de chemin de fer traverse le désert balnéaire, et une ou deux fois par jour, un train endormi s'arrête à seulement 1,6 km du village. Le village de Hoyle était autrefois une ville à charte et a été construit plusieurs siècles avant l'invention des trains. Elle était même hors de la trace des diligences animées et devait sa richesse et son essor – et sa chute – entièrement à sa proximité commode avec la mer, à son isolement, à sa vue charmante sur la côte opposée. Oui, sa solide prospérité, soit dit en passant, était due à la contrebande. La High Street est bordée de pittoresques maisons en briques rouges, occupées par les descendants – dirons-nous de marins ? – d'une communauté primitive et aisée, des plus respectables, bien que depuis la fenêtre supérieure le grand-père du locataire actuel ait tiré un coup de poing préventif. officier mort; et dans la cheminée de la chaumière voisine (une demeure d'apparence des plus innocentes) trois hommes en difficulté restèrent cachés pendant une semaine entière. Les vastes caves de l'auberge Cause is Altered n'étaient, de mémoire d'homme, pas étrangères aux balles de soie et aux tonneaux de cognac.

Entre le village et l'auberge se dresse une solide vieille maison rouge, avec un petit jardin clos devant et un chemin pavé menant à sa méchante petite porte d'entrée verte. Les fenêtres sont étroites, les pièces irrégulières et les plafonds ridiculement bas – mais le loyer aussi. Il convient admirablement à ses locataires ; il fait chaud, spacieux et bon marché ; il se vante d'un beau jardin clos à l'arrière, d'acres de cave, et est connu sous le nom de Merry Meetings. Cette désignation joviale n'est pas de date moderne, mais rappelle le grand passé où c'était la résidence du chef de Hoyle ; quand c'était un club, une banque, une maison de réception et une forteresse. Les carrousels étaient nombreux dans le salon lambrissé de Mme Gordon. À quelles sombres histoires et quels étranges serments ses murs sont-ils écoutés ! Il y a eu de joyeuses réunions, beaucoup plus calmes de nos jours, où les jeunes filles du quartier se rassemblaient autour de la table, bavardaient et riaient autour de tasses de thé honnête, préparé dans la vieille et mince théière en argent de Mme Gordon. Les jolies filles ont discuté de costumes, de tennis et de mariages, où autrefois des hommes barbus et battus par les intempéries se réunissaient pour célébrer l'arrivée saine d'une cargaison nouvellement acheminée, pour évaluer des dentelles vaporeuses, des soies étrangères et des cigares, et pour boire du cognac et des cigares de première qualité. des eaux étranges mais puissantes.

La veuve et ses filles occupent les Merry Meetings depuis quinze ans, depuis la mort du colonel Gordon. Il s'était retiré du service et s'était installé près d'une ville de garnison, avec l'intention de transformer son épée en soc de charrue ; mais dans un mauvais moment, il risqua tout ce qu'il pouvait dans une spéculation tentante, espérant ainsi doubler ses revenus ; mais au lieu de quoi, hélas ! l'eau est entrée dans le Wheal Rebecca et a emporté chaque centime. Ne voyant rien d'autre entre lui et la maison des pauvres qu'une petite pension, le colonel Gordon n'a pas eu le courage d'affronter la situation et est mort le cœur brisé - même si on appelait cela un déclin rapide - laissant sa veuve et ses trois petites filles se débattre. l'avenir du mieux qu'ils peuvent.

Les relations du colonel Gordon étaient si furieuses contre lui d'avoir perdu son argent, qu'elles refusèrent catégoriquement d'aider sa veuve ; c'est pourquoi elle rassembla docilement les restes de l'épave domestique et se retira à Hoyle avec ses enfants et une vieille servante, qui lui avait fortement recommandé son pays natal, où sa « maîtresse pourrait vivre en paix et tranquille jusqu'à ce qu'elle ait le temps de se retourner et de se retourner ». faire des plans." Mme Gordon a pris Merry Meeting, qui était en partie meublé, pendant trois mois et y était restée quinze ans. Ses plans n'étaient pas encore développés ; elle parlait constamment de déménager, mais n'allait jamais au-delà de ce point. De temps en temps, elle disait : « Eh bien, les filles, je vais vraiment donner un préavis ce trimestre. Il faut bouger ; nous devons décider quelque chose. J'écrirai à un agent immobilier. Et, Honor, cela ne vous dérangera pas de vous procurer les graines du jardin ou de faire blanchir la cuisine à la chaux. Mais le lendemain, ces projets s'étaient évanouis, les graines du jardin étaient plantées et la cuisine rénovée, comme d'habitude.

Mme Gordon était en quelque sorte invalide, devenait de plus en plus léthargique d'année en année et en proie à une habitude incurable de procrastination. Elle remit ses clés, son sac à main et son autorité entre les mains de sa fille aînée et se contenta de s'intéresser tranquillement au jardin, à la météo, au journal quotidien et de goûter à divers nouveaux médicaments brevetés. Elle conservait encore les restes d'une beauté personnelle remarquable et d'une fascination pour les manières qui charmaient tous ceux qui entraient en contact avec elle, du garçon boucher au seigneur du terroir. Les gens ont dit que c'était honteusement injuste envers ses filles, la façon dont Mme Gordon s'est enterrée – et les a enterrées – vivantes. Elle ne faisait jamais le moindre effort pour améliorer leur sort, se contentant de rester assise toute la journée dans un fauteuil confortable, faisant des remarques aimables et paraissant belle, majestueuse et alanguie.

La vie était monotone aux Merry Meetings. Deux ou trois parties de tennis en été, deux ou trois tapis de danse en hiver, de temps en temps une journée de shopping à Hastings, étaient des événements variés par de longues étendues grises de calme sans incident. Le quotidien était une arrivée des plus bienvenues ; et les Miss Gordon attendaient avec autant d'impatience des lettres, des nouvelles émouvantes, « quelque chose arrivant par la poste », « quelque chose qui se passait », comme si elles vivaient au milieu d'une communauté nombreuse et occupée.

Et qu'en est-il des trois Miss Gordon ?

Jessie, l'aînée, a vingt-six ans et est étonnamment simple. Elle a les yeux pâles et le teint foncé, au lieu des yeux foncés et du teint pâle, et aussi un nez qui ne serait guère déplacé dans un burlesque. Elle est intelligente, volontaire et pratique, et gère toute la famille avec un tact admirable, y compris Susan, le trésor domestique.

Le nom de Jessie Gordon est bien connu en tant qu'auteur de jolies histoires dans des magazines pour filles et enfants. Elle gagne plus de cent dollars par an grâce à sa plume (qu'elle ajoute généralement à la bourse commune) et est considérée par ses voisins avec une certaine fierté, légèrement tempérée d'inquiétude. Et si elle mettait certains de ses amis dans un livre ! Cependant, ils critiquent sévèrement son travail en face, font un grand mérite d'acheter les magazines dans lesquels ses contes paraissent et glorifient ses mérites, sa renommée et ses revenus auprès de tous les étrangers.

Fairy, dont le vrai nom est Flora, vient après Jessie en âge ; elle a environ vingt-deux ans et a un visage d'une beauté parfaite, un visage qui inspire les poètes et les peintres, aux contours impeccables et éclairé par une paire d'yeux bleus pathétiques. Un teint des plus délicats – dont tous les soins, raisonnables ou déraisonnables, sont apportés – et une quantité de cheveux fins et bruns ensoleillés se combinent pour compléter une vision de beauté. Oui, Fairy Gordon est presque étonnamment juste à voir ; et vus assis lors d'une garden-party ou dans une salle de bal, tous les hommes étranges présents réclament instantanément une présentation ; et quand cela a été effectué, et que la merveilleusement jolie fille se lève pour danser, voici, c'est une naine, une pauvre petite créature, avec une voix aiguë et dure, et qui ne mesure que quatre pieds quatre pouces ! Sa silhouette est trompeuse : le corps est très long par rapport aux membres.

Fairy a infligé de nombreux chocs à un partenaire potentiel. A-t-elle jamais lu leur consternation sur leurs visages ? Apparemment jamais ; car peu importe qui restait à la maison, Fée ne pouvait supporter de manquer un divertissement, même un repas d'école ou une fête d'enfants. C'était une loi familiale non écrite selon laquelle Fée devait toujours passer en premier, devait toujours être protégée, caressée, gâtée, amusée, et personne ne souscrivait à cette règle plus facilement que la seconde Miss Gordon elle-même. Elle était très sensible à sa propre beauté et parlait franchement de ses charmes à ses intimes ; mais elle ne faisait jamais allusion à sa petite taille, et ses sœurs n'y faisaient que rarement allusion entre elles, et puis en retenant leur souffle. Même six pouces auraient fait toute la différence dans le monde ; mais quatre pieds quatre, c'était… enfin, remarquable. Bien entendu, les voisins étaient habitués à Fée, un nom trop évocateur. Ils se souvenaient d'elle une petite chose, une adorable enfant gâtée, une enfant qui n'avait jamais grandi. Elle était encore une petite chose, et pourtant c'était une femme – une femme à la langue acérée et au caractère despotique. La fée avait de vrais doigts de fée. Elle brodait de façon exquise et gagnait des sommes considérables en travaux d'aiguille d'église, sommes exclusivement consacrées à la décoration de sa propre petite personne. Elle était également modiste et couturière amateur; mais elle n'avait aucun goût pour la musique, la littérature, le ménage, ni pour aucune des « tâches quotidiennes, des tâches communes ». Elle a laissé tout ce genre de choses à ses sœurs.

Honor, la plus jeune Miss Gordon, a vingt ans, elle est mince, gracieuse et grande, peut-être trop grande. Elle aurait pu épargner quelques centimètres à son petit parent, car elle mesure assez cinq pieds huit pouces. Elle a un visage ovale, des yeux gris foncé, des cheveux foncés et un sourire radieux. Dans une famille moins distinguée par la beauté, elle aurait été remarquable. Dans l'état actuel des choses, certaines personnes soutiennent qu'en dépit des couleurs merveilleuses et des traits impeccables de Fée, ils voient plus de choses à admirer chez sa sœur cadette, car elle a la beauté de l'expression. L'honneur est le membre utile de la famille. Jessie ne pouvait pas arranger des fleurs, découper une robe ou faire un gâteau pour lui sauver la vie. L'honneur peut faire tout cela. Elle a une sorte de touche rapide et magique. Tout ce qu'elle entreprend est soigné et délicat, du chapeau à la tarte aux pommes. A ses yeux gais et dansants correspondent son entrain inépuisable, et elle est la vie et le soutien de tout l'établissement. Elle joue du violon d'une manière tout à fait remarquable. Non pas qu'elle ait une grande exécution ou qu'elle puisse maîtriser des morceaux difficiles, mais pour son public, elle et son violon ne font qu'un, et il y a un charme dans son jeu que les auditeurs ne peuvent ni expliquer ni résister.

La plus jeune Miss Gordon a ses défauts. Le principal d'entre eux est une franchise indésirable et une insouciance impudente dans le discours – une façon déplorable d'introduire la vérité, toute la vérité et rien que la vérité, aussi importune ou nue soit-elle – et une drôle de façon de parler, à moitié absente et totalement absente. façon déconcertante de penser à voix haute.

Ses amies (qui sont nombreuses) déclarent qu'elle est jeune et qu'elle grandira avec ces particularités, et en tout cas elle est de loin la plus populaire des trois sœurs !

Un matin de mars en rafales, la mer affichait d'immenses vagues grises, avec des crêtes de couleur crème, la pluie battait bruyamment contre la fenêtre dans laquelle Jessie Gordon attendait que la bouilloire bout et guettait le facteur. Le voilà enfin arrivé, parcourant le chemin pavé dans ses cirés brillants, et avec un bang tonitruant, bang ! il est parti.

"Le papier, une facture de charbon et une lettre indienne", dit Jessie à Fairy, qui, enveloppée dans un châle, se recroquevillait près du feu. "Je vais les emmener à l'étage pendant que vous surveillez la bouilloire."

Mme Gordon prenait toujours son petit déjeuner au lit, pour « éviter les ennuis », déclarait-elle, mais à qui elle omettait de le mentionner. Elle retourna nonchalamment les lettres et s'écria :

« Un d'Inde de Sara Brande. Les merveilles ne cesseront jamais ! Que peut-elle vouloir ? Eh bien, donne-moi mon thé tout de suite, et quand j'aurai lu son épître, je te l'enverrai. Et ici, tu peux apporter le journal à Fairy.

Jessie retourna préparer le thé – elle et Honor s'occupèrent de la semaine de ménage. Au milieu du petit-déjeuner, Susan entra dans la pièce – un événement inhabituel – et dit :

« Mademoiselle Jessie, la maîtresse est en train de tirer la corde de la cloche. Je pensais que la maison était en feu. Vous devez monter chez elle tout de suite.

Jessie fut absente environ un quart d'heure, et lorsqu'elle apparut, rayonnante et avec une lettre à la main, elle avait un tel air d'exultation contenue, qu'il était évident pour ses sœurs, avant même d'ouvrir les lèvres, que le « quelque chose » tant attendu s'était enfin produit.

CHAPITRE V.
UNE LETTRE INDIENNE.

« Super, bonne nouvelle, les filles ! » s'écria Jessie en agitant la lettre au-dessus de sa tête. "Mme. Brande — je veux dire tante Sally — a écrit pour demander à l'une de nous de sortir et de vivre avec elle, et elle semble tout à fait certaine que son offre sera acceptée, car elle joint un chèque pour des vêtements et de l'argent pour le voyage. C'est aussi une courte invitation ; quiconque choisit de visiter l'Inde doit commencer dans les quinze prochains jours.

Honor et Fairy se regardèrent avec incrédulité, et le teint délicat de Fairy passa rapidement du rose au cramoisi, du cramoisi au blanc.

"Je vais vous le lire", continua Jessie en s'asseyant pendant qu'elle parlait. « L'écriture est particulière et certains mots ne sont soulignés que quatre fois. Hum !

« Rookwood, Shirani.

"' CHÈRE BELLE-SŒUR ,

« Ce n'est pas souvent que je prends la plume, mais j'ai quelque chose de très important à vous dire. Je ne suis plus aussi jeune qu'avant et j'éprouve le besoin d'une sorte de compagnie. Pelham est souvent absent et je reste seul avec Ben ; c'est la créature la meilleure du monde et il sait chaque mot que je dis, mais il ne peut ni parler, ni aider au ménage, ni aller aux bals et à l'église, n'étant qu'un chien. Que penserais-tu si je me laissais avoir une de tes filles ? Vous en avez trois et pourriez en épargner un. En effet, trois filles célibataires doivent être une véritable angoisse pour toute mère. Nous prévoyons d'être à la maison dans environ un an, donc si le pire devait arriver, vous la récupérerez dans douze mois. Quelle que soit la personne que vous enverrez, soyez sûr que je serai sa mère, et Pelham aussi. Elle aura le meilleur de tout en matière de société et de vêtements, et je vous garantis qu'elle ne connaît que les *plus beaux beaux* , et qu'elle sera très heureuse. Le temps chaud arrive et voyager après avril est dangereux, tant sur terre que sur mer, j'aimerais donc que vous l'envoyiez le plus tôt possible. Elle doit commencer au plus tard quinze jours après que vous ayez reçu ce message, sinon cela ne servira à rien qu'elle vienne. Elle ne pourrait repartir qu'en octobre, et cela ne vaudrait pas la peine de venir chez nous avant six mois. Pel joint un chèque pour son passage et trente-cinq livres supplémentaires pour les boîtes, les gants, les jupons, etc. Je préfère concevoir *moi-même ses robes* et je la rendrai intelligente. Vous n'êtes sans doute pas gêné de voir les nouvelles modes, et nous sommes ici d'une manière inhabituellement habillée. Si elle pouvait être à Bombay à la *mi-avril* , je pourrais la rencontrer à Allahabad et l'élever, car je n'approuve pas les filles voyageant seules. Pel est également inquiet et espère que vous ne nous refuserez pas. Vous savez qu'il a beaucoup de choses en son pouvoir ; vos filles sont ses *plus proches parents* , et un signe de tête équivaut à un *clin d'œil* à un cheval aveugle – bien sûr, cela ne signifie pas que *vous* êtes un cheval aveugle. Cet endroit est gay en saison et regorge de tamashas ; quant aux serpents, cela n'existe pas ; et en ce qui concerne le climat, vous pouvez vous faire *assez* tranquille.

« Les conditions climatologiques de ces régions montagneuses constituent un élément très important de leur géographie physique et nécessiteront donc un traitement très approfondi. Une discussion approfondie de la météorologie ne peut être tentée, mais suffisamment de données ont déjà été collectées pour servir de base à une description générale du climat. À cet égard, l'Himalaya, en raison de sa moindre distance de l'équateur, présente de nombreux *avantages* par rapport aux Alpes et aux autres montagnes européennes. » (Ce qui précède, à l'exception des italiques, a été hardiment copié d'un répertoire géographique trouvé dans la salle d'écriture de M. Brande.)

« 'Il y a généralement un bon nombre de jeunes hommes et, bien sûr, nous recevons beaucoup. Elle aura un joli poney tranquille, et un nouveau *rickshaw* , donc on l'attendra sans faute. Amour à vos filles, et surtout à *la nôtre* .

« ' Votre sincèrement
' ' SARABELLA BRANDE .'

"Maintenant, qu'en penses-tu?" » demanda Jessie en regardant alternativement ses deux sœurs qui le regardaient fixement.

« Je dis que c'est un canular, bien sûr ! C'est une de vos blagues, Jessie, » répondit Honor, avec un extrait ludique de la lettre. « Qu'est-ce que c'est que tout ce charabia sur le fait que l'oncle Pelham est la mère d'un enfant, et que la mère n'est pas un cheval aveugle, et sur l'état climatologique des collines, sans parler des serpents et des *beaux* ? Tu devrais avoir honte, j'aurais pu faire mieux moi-même.

« Lisez-le… examinez le cachet de la poste », dit Jessie en le jetant maintenant sur la table.

Oui, il n'y avait aucun doute ; c'était une *véritable* épître indienne. Tandis qu'Honor le retournait d'un air critique, elle s'exclama soudain :

"Avez-vous vu *ce* joyau de toute la production, le post-scriptum ?"

Les deux sœurs se penchèrent en avant avec impatience, et là, juste en haut de la dernière feuille, par ailleurs vierge, était griffonné après coup :

"PS : assurez-vous d'envoyer la *jolie* ."

« Ce doit être une personne âgée des plus originales », dit Honor avec des yeux pétillants. "Et, au nom du Dr Johnson, qu'est-ce qu'un 'tamasha' ?"

"Demandez-moi quelque chose de plus facile", répondit Jessie.

« Alors que dit maman de cette remarquable invitation ? »

"Vous savez peut-être mieux que de demander ça!" interrompit Fairy, qui écoutait avec une impatience évidente. « Dans cette famille, on se demande : « Que dit Jessie ? Qu'en *dis* -tu, Jess ?

«Je dis, ne refusez jamais une bonne offre. Ce n'est que pour douze mois ; et bien sûr, l'un de nous doit partir !

"Alors, *tu* y vas ?" demanda la Fée en haussant les sourcils.

« Suis-je la jolie ? » » demanda Jessie sarcastiquement. "Je devrais être ramené par le prochain bateau à vapeur."

"Bien sûr que non; Je n'y avais jamais pensé », répondit sa sœur d'un air méditatif. « Je suis la jolie ; il n'en a jamais été question, n'est-ce pas, les filles ?

"Non, jamais", répondit Jessie, de son ton le plus neutre, et elle et Honor échangèrent des regards furtifs.

Pendant quelques secondes, Fée parut plongée dans ses pensées, tandis qu'elle dessinait des motifs sur la nappe avec une fourchette. Enfin, elle leva les yeux et s'écria :

« Ce n'est que pour douze mois, comme tu le dis, Jess ; douze mois s'envolent bientôt. Et elle rejeta son châle et s'accouda sur la table. « Ne refusez jamais une bonne offre, comme un poney, un pousse-pousse, quoi que ce soit, les nouvelles robes, la meilleure société, les meilleurs *beaux* ! » et elle éclata d'un rire aigu, en s'écriant : « Savez-vous, les filles, que je crois que j'irai !

Une pause, résultat d'une totale stupéfaction, suivit cette annonce inattendue.

« Oui, » continua-t-elle avec une animation accrue, « je crois que cela me plairait, entre autres. L'idée grandit en moi. Je suis jeté ici. A quoi sert un joli visage si on ne le voit jamais ? A-t-elle dit *trente-cinq* livres pour la tenue ? Je peux faire en sorte que cela aille très loin. Je ne prends pas de mètres, comme vous deux géantes. Mon sur mesure et ma robe printanière sont neufs. Je vais juste courir et en parler avec le maître. Et elle repoussa sa chaise et sortit précipitamment de la pièce.

Jessie et Honor restèrent à se regarder de l'autre côté de la table, dans un silence de mort et de suggestion, qui fut finalement rompu par Jessie, qui dit d'un ton de désespoir tranquille :

«J'aurais aimé que cette lettre ridicule ne soit jamais arrivée. Au début, je pensais que c'était une chose capitale. J'ai pensé que tu devrais accepter.

"JE!" s'écria Honor ; « et, je vous prie, pourquoi *me* choisiriez-vous ?

« Pour une demi-douzaine d'excellentes raisons ; vous êtes jolie, jeune, brillante et populaire. Vous avez le don de vous faire des amis. Tous les gens d'ici et du village préféreraient avoir *votre* petit doigt plutôt que nous autres réunis . Vous entrez droit dans leur cœur, mon amour, et vous êtes donc le membre le plus approprié de cette famille pour être envoyé en Inde pour vous intéresser à nos riches relations.

"Vos beaux compliments sont inutiles, Jess - votre 'beurre' jeté - car je ne vais pas en Inde."

"Non; et la Fée a déjà choisi son bateau à vapeur et son costume de voyage ; si elle a décidé d'y aller, rien ne l'arrêtera – et on n'a jamais dit à l'oncle Pelham et à la tante Sally que Fairy était – était – si petite. Que *diront* -ils ? regardant sa sœur avec des yeux émerveillés et une couleur exacerbée.

Que dirait en effet Mme Brande, qui se vantait déjà de sa nièce d'Angleterre et claironnait haut et fort la renommée de la charmante fille qu'elle attendait, à Fairy ? Quels seraient ses sentiments lorsqu'elle serait appelée à accueillir un petit *nain remarquablement joli* ?

— Il faut l'empêcher, murmura Honor. "Elle ne peut pas être autorisée à partir."

"Est-ce que Fée est parfois empêchée de faire ce qu'elle veut ?" demanda Jessie avec un visage solennel.

A cette question pertinente, sa sœur ne trouvait aucune réponse adéquate. Après une pause, elle se leva et dit :

"Montons à l'étage et écoutons ce qu'elle dit à maman."

Mme Gordon était assise dans son lit, le visage rouge et l'expression anxieuse, écoutant la brillante description de la future carrière de Fairy en Inde.

Fée, les deux coudes sur le lit, le menton pointu dans les mains, énumérait rapidement ses nouvelles robes, et se demandait dans combien de temps elles seraient prêtes, déclarant combien il était heureux qu'elle ait une quantité de modèles dans la maison, et que si sa mère avançait seulement vingt livres, elle pourrait faire des merveilles. Elle parlait si incessamment et avec tant de volubilité que personne n'avait la possibilité de donner un conseil, une objection ou d'exprimer un seul mot. Sa mère et ses sœurs écoutaient dans un silence forcé et inquiet le torrent de l'éloquence presque passionnée de cette petite créature.

"Il faudra quinze jours pour être prêt", a-t-elle déclaré. « Nous sommes le quinze mars ; quelle bousculade il y aura ! Vous deux, les filles, vous devrez recoudre vos doigts jusqu'aux os, n'est-ce pas, maman ?

Sa mère hésita un faible assentiment.

« Il me faudra au moins douze robes et une demi-douzaine de chapeaux. Je dois aller à Hastings demain. Elle s'arrêta enfin, les joues écarlates et le souffle coupé.

« Il reste près d'une semaine avant que le courrier ne parte », osa Jessie ; « et il est encore trop tôt pour décider. La lettre n'est arrivée qu'il y a une heure, et il y a beaucoup de choses à considérer avant que maman puisse décider lequel d'entre nous elle peut épargner, et… »

« Tout est *tout à fait* réglé, interrompit Fée sur le ton le plus aigu – Jessie n'était pas sa sœur préférée – seulement vous aimez toujours vous mêler et gérer tout le monde, depuis la mère jusqu'en bas. Tante Sara a expressément demandé la jolie ; tu l'as vu noir sur blanc, et maman dit que je dois me faire plaisir, n'est-ce pas, maman ? faisant appel à son parent, dont les yeux se sont baissés d'un air coupable devant le regard de reproche de sa fille aînée. Néanmoins, elle soupira courageusement :

"Oui, Fée, je suppose."

"Là !" s'écria la Fée triomphalement. « Vous voyez, maman a décidé, et j'ai décidé. Je ne suis pas comme certaines personnes qui mettent des semaines à se décider, surtout lorsque les moments sont précieux. Je dois écrire une quantité de lettres pour le premier courrier. Honor, vous souvenez-vous du nom de la couturière de Mme Travers ? et pensez-vous que je devrais prendre une habitude et des bottes d'équitation ?

L'étonnante nouvelle qui était parvenue à Merry Meetings fut bientôt partagée par tout le village, grâce à la sœur de Susan, qui remplissait le poste de messagère et de femme de ménage. La lettre a été chaleureusement discutée, dans le salon sablé de l'auberge The Cause is Altered, au comptoir de l'épicier Hogben, au presbytère, chez le Dr Banks, et aussi par les Trevor - la famille dans la salle - une famille à qui à qui les demoiselles Gordon devaient la plupart de leurs gaietés insignifiantes. L'opinion, que ce soit dans le hall ou dans la salle des fêtes, était pour une fois unanime. Bien sûr, l'une des Gordon doit accepter l'offre de son riche oncle, et cela sans aucun retard insensé ou inutile. Bien que ce fût un après-midi pluvieux, Cara et Sophy Trevor, Mme Banks, le recteur et Mme Kerry arrivèrent presque simultanément aux Merry Meetings et remplirent à moitié le salon ; qui était de taille moyenne, avec une exposition au sud et des sièges de fenêtre profonds et confortables. Le mobilier était démodé et le tapis usé jusqu'à la corde, mais quelques chaises en osier, quelques tapis persans, une quantité de tableaux, de livres, de fleurs et de travaux d'aiguille, comblaient de nombreux défauts ; c'était le salon général de la famille, et s'il n'était pas toujours parfaitement rangé, il ressemblait en tout cas délicieusement à un foyer, très différent de tant de ses homonymes, qui ont du feu à des jours déterminés ; des appartements décharnés et formels, uniquement consacrés aux visiteurs. Les amis de Mme Gordon passaient à toute heure, mais surtout à cinq heures, et le thé et les gâteaux chauds, distribués lors des Merry Meetings, étaient considérés comme sans égal dans cette région.

Voici une sélection des voisins les plus proches de Mme Gordon rassemblés avec impatience autour de son foyer, tandis qu'Honor préparait le thé dans de vieilles tasses minces et peu profondes.

« Nous nous sommes tous retrouvés à la porte ! » a expliqué Cara Trevor, « et sommes venus, comme vous le voyez, vous appeler en corps, entendre vos nouvelles de nos propres oreilles. Est-il vrai, chère dame, qu'une des jeunes filles part immédiatement pour l'Inde ?

"Oui", a répondu Mme Gordon. « Ma belle-sœur m'a dit ce matin qu'elle et mon frère étaient très impatients de recevoir une de leurs nièces en visite ; ils nous donnent un préavis très court, quinze jours seulement. Honneur, mon amour, Cara prendra un autre gâteau.

"Non, non, merci", s'écria Miss Trevor avec impatience. « Je vous en prie, continuez et parlez-moi de cette charmante invitation, Honor. Où est ton oncle ? dans quelle partie de l'Inde ?

« Il est à Shirani, une station de montagne, la majeure partie de l'année. Je crois qu'il a une plutôt bonne nomination, quelque chose à voir avec les recettes.

«Je sais tout sur Shirani», répondit Sophy Trevor avec un air d'une importance inhabituelle. « Nous avons eu autrefois un cousin logé là-bas ; c'est un lieu capital pour le tir, la danse, les pique-niques et les parties de tennis, si différent de ce Hoyle mort et vivant. Il devrait vraiment être orthographié sans le *y*. J'aimerais que quelqu'un m'invite *en* Inde. Je serais prêt à partir ce soir, avec seulement quelques malles-panier et un sac de toilette. Lequel d'entre vous y va ? Je suppose que vous n'y avez pas encore pensé ? mais elle regarda directement Honor.

"Oh, c'est tout à fait réglé", répondit Fée de sa voix claire et aiguë. « Cela a été décidé tout de suite, car il n'y a pas une seconde à perdre. Vous allez *me perdre* », et elle rit avec affectation. Elle eut un rire extraordinairement fort pour une si petite femme.

Mais il n'y eut aucun écho en réponse – non, pas même un sourire ; au contraire, une expression de consternation vide s'installa sur tous les visages.

Mme Banks fut la première à retrouver le pouvoir de la parole, car avec un rire quelque peu hystérique, elle fit remarquer à l'assistance le fait évident :

« Je suppose que le courrier indien est arrivé aujourd'hui ?

"Oui", répondit Jessie, ajoutant de manière significative, "et il sort jeudi, nous n'avons donc pas encore envoyé de réponse à oncle Pelham."

"Il ne sait pas ce qui l'attend", murmura Mme Kerry à Mme Banks, alors qu'elle se levait et posait sa tasse de thé sur une table à côté d'elle. Pendant ce temps, Fairy avait produit un certain nombre de paquets de modèles de tissus vestimentaires et avait demandé aux deux Miss Trevor de donner une opinion sur leurs mérites. Cela a créé une diversion miséricordieuse. La plupart des femmes aiment retourner des patrons, même des patrons de deuil, et dans des discussions décousues sur les couturières et les mousselines, la visite s'est terminée.

"Avez-vous déjà entendu une idée aussi complètement folle ?" s'écria Mme Banks dès qu'elle et les deux Miss Trevor furent devant la porte du hall. "Je pouvais à peine en croire mes sens."

"Et ce n'est pas étonnant", a déclaré Sophy Trevor. « Elle ne devrait pas être autorisée à partir ; mais elle est si désespérément obstinée, que si elle a décidé de commencer, toute l'Angleterre ne l'arrêtera pas.

"Mon mari l'arrêtera", répondit Mme Banks avec insistance. "Il en mettra sur sa santé, et dira qu'elle est trop délicate et que le climat la tuera !"

"Je doute que même cela la retienne à la maison", a déclaré Cara, qui connaissait bien Fairy. «Comme Mme Gordon avait l'air misérable. La Fée est son idole et elle la tourne autour de son petit doigt, et j'aime bien Fée, la dernière de la famille, elle est si égoïste et si vaniteuse. Le pauvre Honor est son esclave, et en effet ils lui cèdent tous beaucoup trop ; mais s'ils lui permettent de partir en Inde, ils ne verront jamais un sou de l'argent de leur riche oncle. Il attend une fille gentille, avenante et ordinaire, pas un petit monstre !

"Oh, Cara!" protesta sa sœur d'une voix profondément choquée.

"Eh bien, tu sais qu'elle *est* un monstre d'égoïsme et de vanité", rétorqua Cara avec une persistance sans vergogne.

Le révérend James Kerry, qui traînait derrière lui avec sa femme, affichait une lèvre supérieure inhabituellement allongée, signe certain d'une perturbation mentale excessive.

"Absurde!" il s'est excalmé. « Cette enfant exerce une influence des plus funestes sur son parent. Je dois voir Mme Gordon seule et la convaincre de renoncer à ce projet insensé.

"Et c'est ce que vous ferez sans aucun doute dans cinq minutes", acquiesça vivement son partenaire, "et dès que vous serez parti, la Fée la raisonnera à nouveau. Sûrement, ma chère, vous connaissez Mme Gordon ? Toute l'affaire est entre les mains de Fairy, et notre seul espoir est qu'elle change d'avis ou qu'elle attrape la grippe, et il y a peu de chance que cela se produise.

C'était maintenant au tour du révérend James de s'en prendre avec colère à son compagnon.

Les trois jours suivants furent une période de misère sans précédent pour la plupart des détenus des Merry Meetings. Fairy était fiévreusement gaie et fiévreusement occupée. Même si un rhume sévère la retenait à la maison, elle n'était jamais séparée de ses habitudes bien-aimées, non, pas même au lit. La plupart de son temps était consacré à écrire aux magasins, à faire des calculs au crayon, à tailler des chapeaux et à parcourir des gravures de mode. Elle n'avait plus que deux sujets de conversation, l'Inde et la toilette. Pendant ce temps, sa mère et ses sœurs regardaient, impuissantes et paralysées par la forte volonté de ce petit autocrate. Ces jours-là, il y avait un trafic considérable d'aller et de retour entre les Merry Meetings, et un nombre inhabituel de coups et de sonneries à la modeste petite porte verte du hall de Mme Gordon. Le facteur, au lieu d'apporter autrefois un papier et une maigre enveloppe, chancelait désormais sous un chargement de gros colis de papier brun et d'une immense variété de cartons. Les télégrammes arrivaient tous les jours et les lettres affluaient par dizaines. Les préparatifs de Fée avançaient régulièrement, même si ses sœurs se murmuraient gravement qu'« il ne fallait pas la laisser partir ». Qui devait l'en empêcher ? Pas sa mère, qui était assise dans son fauteuil habituel, l'air harassée et désolée, et qui poussait de temps à autre des soupirs déchirants et appliquait un mouchoir de poche humide sur ses yeux.

Pas le recteur. Il avait longuement raisonné avec Fée et, à son avis, avec éloquence ; mais en vain. Il a souligné le chagrin de sa mère, sa grande réticence à se séparer de son enfant préféré, sa propre santé incertaine, mais il a parlé dans l'oreille d'un sourd ; et le Dr Banks, malgré les vantardises fières de sa femme, ne s'en sort guère mieux. Il assura solennellement à Fée qu'elle n'était pas apte à aller en Inde, pour entreprendre seule ce long voyage ; et, quoi qu'en dise sa tante, le climat ne convenait qu'aux gens de constitution robuste. « Était-elle robuste ? » demanda-t-il avec aspérité.

"Il savait ce qu'il y avait de mieux", rétorqua-t-elle de la manière la plus désinvolte. «Une chose qu'elle savait, c'est qu'elle *allait* . Sa tante l'avait spécialement invitée, et pourquoi ne s'amuserait-elle pas et ne découvrirait-elle pas le monde ? au lieu d'être enterré vivant à Hoyle. Ce n'était pas vivant, c'était en train de moisir.

« De toute façon, elle vivrait plus longtemps à Hoyle qu'en Inde », lui assura le médecin avec colère. Il était furieux contre ce morceau d'humanité égoïste et égoïste, qui avait toujours obtenu le meilleur de tout ce qui revenait à sa famille pauvre.

« Quant au divertissement, poursuivit-il, elle ne trouverait pas très amusant d'être immobilisée peut-être pendant des semaines. C'était un sujet fiévreux, avait-elle pensé aux maladies qui ravageaient périodiquement l'Orient : le choléra et la variole ? Fairy, qui était nerveuse de constitution, frissonna visiblement. « Si elle avait pensé aux longs voyages à cheval, elle qui criait si l'âne tendait les oreilles ! Elle était, à son avis, beaucoup trop délicate et trop impuissante pour songer à quitter la maison.

Sa détermination fut quelque peu ébranlée par la visite du Dr Banks et par un rhume fiévreux ; était-ce déjà un avant-goût de l'Inde ? Mais là où le devoir filial et la peur n'avaient pas réussi à l'émouvoir, la vanité est intervenue et a obtenu un abandon complet !

L'enfant gâtée de la famille était assise seule dans le salon en fin d'après-midi, cousant alternativement des attentes agréables et de sérieuses inquiétudes dans un élégant chemisier en soie, lorsque ses pensées furent soudainement dispersées par un double coup fort et inconnu. Elle entendit une voix d'homme dans le hall et eut à peine le temps d'enlever son châle et de toucher ses cheveux devant la vitre, lorsque Susan annonça : « M. Oscar Crabbe. C'était un artiste prometteur qui avait séjourné dans le quartier à Noël et qui n'avait pas caché sa profonde admiration pour Miss Fairy Gordon, d'un point de vue purement professionnel.

Oscar Crabbe était un bel homme, avec une voix agréable, une barbe brune luxuriante et des manières impétueuses et désinvoltes.

"Je vous prie d'excuser mon appel à cette heure sans cérémonie", dit-il en s'avançant avec une main froide et tendue. « Je crois qu'il est cinq heures bien plus tard ; mais, en passant, j'ai cru venir, au hasard de trouver quelqu'un chez moi. Comment vont ta mère et tes sœurs ?

« Ma mère est allongée avec un mal de tête nerveux ; mes sœurs font du shopping à Hastings, alors vous devrez *me* supporter », dit coquettement Fairy.

"Et vous êtes la personne que je souhaite le plus voir", répondit M. Crabbe en rapprochant sa chaise tout en parlant. "Je veux vous demander de me faire une immense faveur : je veux dresser votre portrait pour l'académie de l'année prochaine."

"Mon portrait?" » répéta-t-elle en tremblant.

"Oui; Je t'ai dit quelque chose à Noël, tu t'en souviens peut-être.

"Je pensais que tu plaisantais."

"Non en effet! Je tâtonnais simplement mon chemin ; et si vous m'honorez de quelques séances, je vous en serai profondément reconnaissant. Je propose de vous peindre comme Rowena, en taille réelle. Vous êtes une Rowena idéale.

"Et quand?"

« Oh, pas avant quelques mois, pas avant l'automne. Mais je prends toujours le temps par le toupet ; et comme j'étais ici chez les Trevor » (Cara Trevor était-elle à l'origine de cette visite ? L'histoire est muette et les faits réels ne seront jamais divulgués) « J'ai pensé saisir l'opportunité de présenter un modèle pour la saison prochaine. Je vous demanderai seulement de vous asseoir près de moi pour la tête et les mains ; la robe et la silhouette sur lesquelles je peux travailler en ville. Que dites-vous?"

« Oh, M. Crabbe », joignant ses petites mains avec ravissement, « j'aurais aimé cela plus que tout au monde. Je suis vraiment désolé, mais… »

"Mais ta mère n'approuverait pas?"

"Pas du tout. Elle serait enchantée ; mais je pars immédiatement en Inde.

"En Inde?" répéta-t-il après une longue pause expressive.

"Oui; ma tante et mon oncle ont invité l'un de nous – c'était très inattendu – et j'y vais.

M. Crabbe avait l'air grave ; puis il eut une sorte de rire gêné et dit :

«Eh bien, Miss Gordon, je m'inscris au nombre d'amis qui déplorent profondément votre départ. Je suis extrêmement désolé – en fait, j'ai une double raison de regretter, car je ne trouverai jamais une telle Rowena !

« Et je suis extrêmement désolé aussi. Personne en Inde ne voudra peindre mon tableau.

« Je n'en suis pas si sûr. Un jeune homme, un de mes amis, est parti là-bas en octobre dernier pour faire le tour du monde. C'est le portraitiste le plus intelligent que je connaisse, bien qu'il se considère comme un amateur et qu'il ne peint que pour s'amuser, et pendant les intermèdes de la chasse et du polo. Il n'a pas à travailler pour gagner son pain quotidien, comme nous tous ; mais s'il devait le faire, il ferait fortune s'il étudiait et mettait son épaule au volant. Il a le génie de saisir une ressemblance réelle, une attitude naturelle, une expression caractéristique, et il fait tout cela si facilement et si rapidement. Quelques élans rapides et la toile semble *vivre*. C'est dommage qu'il ne prenne pas notre métier au sérieux et n'étudie pas ; mais son oncle déteste « peindre des gars », comme il les appelle ; et son oncle, dont il est l'héritier, est millionnaire.

"Comme c'est gentil! Et quel est le nom de cet heureux jeune homme ?

"Marc Jervis."

« Je dois essayer de me souvenir. Peut-être que je pourrai le rencontrer et qu'il pourra me peindre un tableau ; mais ce ne sera rien en comparaison du fait que *vous le fassiez* et que vous l'accrochiez à la Royal Academy.

Elle tourna son visage vers son visiteur avec une expression d'extase rêveuse. Une couleur délicate, un éclat brillant dans ses yeux, le fond seyant d'un abat-jour rouge qui mettait en valeur son profil parfait, tout concourait à rehausser l'effet de la beauté transcendante de Fée ; et Oscar Crabbe s'assura franchement qu'il était là, en train de contempler le visage de la plus jolie fille d'Angleterre. En le regardant, il perdit la tête et balbutia avec ravissement :

« Oh ! si seulement je pouvais vous peindre tel que vous êtes maintenant, ma réputation serait assurée ; tu me rendrais célèbre !

me rendrais célèbre", répondit-elle en baissant timidement les yeux. « Savez-vous que vous me tentez presque d'abandonner l'Inde et de rester chez moi ?

"J'espère que tu voudra. Vous êtes d'une argile bien trop délicate pour le soleil brûlant des tropiques, et l'Inde joue au diable – je veux dire, se reprenant, c'est le tombeau de la beauté. S'il arrive quelque chose qui vous empêche d'effectuer votre voyage, me le ferez-vous sans faute ?

"Vous pouvez être sûr que je le ferai."

«Je me demande si l'une de vos sœurs…» commença-t-il lorsque la porte s'ouvrit et fit entrer les deux dames en question. Ils avaient froid, étaient fatigués, avaient envie de thé et n'opposèrent aucune résistance sérieuse au départ immédiat de M. Crabbe. Il tint la main de Fée dans la sienne pendant plusieurs secondes, comme s'il hésitait à la relâcher, et il lui exerça une pression faible mais distinctement perceptible en disant : « Je ne dirai pas « Bon voyage », mais « Au revoir ». Souviens-toi de ta promesse », et il s'enfuit précipitamment.

Ses proches remarquèrent que Fée était inhabituellement silencieuse toute la soirée. Elle semblait plongée dans ses pensées, et son joli front blanc était en fait plissé de rides, alors qu'elle cousait avec des doigts adroits et rapides. A vrai dire, la jeune femme pesait soigneusement le pour et le contre concernant son voyage vers l'Est. Elle resta éveillée pendant des heures cette nuit-là, tournant diverses questions dans son petit cerveau occupé.

D'une part, elle s'échapperait de Hoyle et mènerait une existence gay et romanesque. Elle serait emmenée aux bals et aux fêtes, et serait le point de mire de tous les regards ; elle aurait beaucoup d'argent de poche, beaucoup de jolies robes, beaucoup de luxe – c'était l'un des côtés du bouclier. Au revers, elle voyait mentalement un voyage maritime odieux, une vie et un climat inhabituels, une peur toujours obsédante de la fièvre, du choléra, des serpents ; il faudrait probablement qu'elle s'habitue à monter des poneys sauvages, à se laisser entraîner au bord d'affreux précipices ; elle n'aurait personne pour la caresser, fouiller ses affaires, se coiffer et raccommoder ses gants – oui, Honor lui manquerait terriblement. M. Crabbe lui avait assuré que l'Inde était le tombeau de la beauté. Et si elle devenait une frayeur ! Le Dr Banks avait fait allusion à une santé brisée. Non, après tout, elle resterait à la maison ; son oncle et sa tante seraient en Angleterre dans un an, elle leur rendrait une longue et agréable visite sans risquer ni sa santé ni son apparence ; puis il y aurait *Rowena* , un triomphe durable et substantiel ! Elle eut des visions de sa photo accrochée à la Royal Academy et gardée par la police afin de tenir à distance la foule grandissante d'admirateurs, de foules regardant son portrait, fascinées, d'annonces dans les journaux mondains, de photographies. dans les vitrines des magasins, d'une grande célébrité, et la reconnaissance de sa beauté devant toute l'Angleterre.

La perspective était enivrante. Vers l'aube, elle s'endormit et fit de délicieux rêves.

Le lendemain matin, avant de descendre déjeuner, elle appela ses sœurs dans sa chambre et lui dit d'une manière inhabituellement formelle :

"Jessie et Honor, autant vous dire que j'ai changé d'avis et abandonné toute idée d'aller en Inde, alors j'ai pensé que vous devriez le savoir immédiatement."

"Je suis ravie de l'entendre", répondit Jessie avec un soulagement non affecté. "Mais pourquoi?" la regardant avec des yeux interrogateurs. « Pourquoi as-tu si soudainement modifié tes plans ? »

«Je suis resté éveillé toute la nuit en pensant à ma mère», fut la réponse mensongère. « Je vois qu'elle s'inquiète terriblement ; cela lui briserait le cœur de se séparer de moi, et je ne la quitterai jamais, ou du moins, se corrigeant, je ne quitterai jamais l'Angleterre.

"C'est dommage que tu n'aies pas pensé à maman un peu plus tôt !" » dit Jessie en jetant un coup d'œil autour de la pièce, qui était encombrée de cartons et de colis contenant des achats sous forme de chapeaux, de chaussures et de vestes, et de nombreux articles « sur approbation ». « Je pense que vous êtes très sage de rester à la maison ; mais c'est dommage que vous ayez fait de si grands préparatifs. N'est-ce pas, Honor ?

Vous le pensez sans doute ", rétorqua Fairy, sarcastique. "Bien sûr, il semble dommage qu'aucune de mes jolies nouvelles choses ne convienne à aucun de *vous* ."

CHAPITRE VII.
LA FÉE RELÈVE.

Maintenant que, au grand soulagement de tous, Fairy avait changé d'avis et retiré sa réclamation, la question restait : qui devait partir ? L'opinion publique, sa mère, Jessie, bref, toutes les voix sauf une, dit Honor. Mais Honor n'était pas disposé à visiter l'Est. Ce n'était pas une jeune femme entreprenante et elle aimait son foyer ; et Fée, lorsqu'elle était seule avec elle, versait des pluies de larmes de crocodile chaque fois qu'on en parlait. Elle ne supportait pas de se séparer de sa sœur préférée ; non, c'était trop cruel de la part des gens de suggérer une chose pareille. Qui, se demandait-elle, lui coifferait, boutonnerait ses bottes et lui lirait pour dormir ? Et bon nombre des tâches odieuses d'Honor lui incomberaient, comme arranger les fleurs, épousseter le salon, faire le ménage, envoyer des messages, car le temps de Jessie signifiait de l'argent et devait être respecté. À haute voix, dans le cercle familial, elle a dit d'un ton autoritaire : « Laissez Jessie partir ! En ce qui concerne l'apparence, *n'importe quelle* apparence est assez bonne pour l'Inde ; même Jessie y paraîtra belle. Après tout, pourquoi l'un d'entre eux devrait-il accepter l'invitation ? L'Angleterre était un pays libre. Elle (Fée) enverrait une petite lettre gentille et reconnaissante et garderait le chèque. Oncle Pelham n'aurait jamais la méchanceté de le reprendre, et ils achèteraient un poney au lieu de cet âne affolant, ils feraient un terrain de tennis, ils feraient un voyage de quinze jours à Londres et s'amuseraient pour une fois dans leur vie.

Une semaine s'est écoulée. Le courrier était parti sans réponse à M. Brande. Jessie et sa mère avaient toutes deux parlé sérieusement à Honor, et elle les avait écoutées avec son sourire le plus agréable, tandis qu'elles lui soulignaient les avantages qu'elle retirerait personnellement de son voyage vers l'Est. Elle n'a pas tenté d'argumenter sur ce point, elle a seulement demandé d'une manière ludique qui devait conduire l'âne ? Qui devait jouer de l'harmonium à l'église ? car elle se flattait d'être la seule personne de la paroisse à pouvoir faire l'un ou l'autre. Et il y avait le jardin et la volaille : les poules seraient perdues sans elle !

"Nous serons *tous* perdus sans toi", répondit Jessie; "mais nous pouvons vous épargner pour votre propre bien."

« Je ne veux pas être épargnée pour mon propre bien », répondit-elle. « Je préfère rester à la maison. Vous pensez que je vais tout emporter devant moi là-bas ! Vous vous trompez grandement. Toutes vos oies sont des cygnes. *Je* suis une oie et non un cygne. Je ne suis qu'un cousin de campagne, avec un mauvais teint et des manières grossières.

"Honneur! tu as une belle peau, mais pas beaucoup de couleur ; et quant à vos manières, elles sont aussi bonnes que celles des autres.

"Vous avez souvent dit que les miennes étaient d'une brusque alarme et que j'avais des habitudes de sauvage ou d'enfant dans la façon dont je laisse échapper les vérités de mon pays."

« Oh, mais seulement à la maison ; et il ne faut pas *toujours vous* soucier de ce que je dis.

« Alors qu'en est-il du moment présent ? Quand vous dites que je devrais sortir chez l'oncle Pelham, comment puis-je savoir que je devrais faire attention à ce que vous dites maintenant ?

« Ma parole, Honor, vous êtes vraiment trop provocant !

Mme Gordon et ses amis ne soupçonnaient pas à quel point leurs raisons et arguments importants étaient annulés par Fairy, qui, la nuit, les bras étroitement enroulés autour du cou de sa sœur et le visage pressé contre le sien, murmurait : « Vous n'irez pas ; promets-moi, tu n'iras pas.

Jessie, la clairvoyante, commença enfin à soupçonner que Fairy était à l'origine de la réticence de sa sœur à acquiescer. Fairy était si manifestement affectueuse envers Honor. C'était inhabituel. C'était dommage que Fée dirige sa famille et que ses souhaits fassent loi. Jessie a discuté avec sa mère et elles ont convenu d'essayer un autre plan. Ils laisseraient tomber le sujet et verraient si la contrariété féminine serait leur bonne amie ? Le mot « Inde » ne fut donc pas prononcé pendant trois jours précieux ; les modèles et les passages, etc., n'étaient plus discutés, les choses retombaient dans leur ancien rythme monotone, sauf que Mme Gordon regardait fréquemment sa plus jeune fille et poussait des soupirs inhabituellement longs et significatifs.

Un après-midi, dix jours après la réception de la lettre qui restait toujours sans réponse dans le bureau de Mme Gordon, Honor rencontra le recteur alors qu'elle revenait de répéter les hymnes du dimanche sur le vieil harmonium sifflant.

"Ce sera l'un de vos derniers entraînements", a-t-il déclaré. "Je suis sûr que je ne sais pas *comment* nous allons vous remplacer."

"Pourquoi devrais-tu me remplacer?" elle a demandé. "Je ne pars pas."

«Je ne pars pas», répéta-t-il. « J'ai compris que tout était réglé. Pourquoi as-tu changé d'avis ?

"Je n'ai jamais décidé d'y aller."

"Pourquoi pas? Pensez à tous les avantages que vous en retirerez.

« Oui, des avantages ; c'est ce que Jessie me répète toujours en tête. Je verrai le monde, j'aurai de jolies robes, un poney, beaucoup de bals et de fêtes, et de nouveaux amis.

« Et tu apprécierais sûrement tout cela – tu n'as que dix-neuf ans, Honor ?

– Oui, mais ces délices sont pour moi ; il n'y a rien pour *eux* », hochant la tête vers « Joyeuses réunions ». «Je suis la seule personne à bénéficier de cette visite et je suis sûr que je suis plus recherché chez moi qu'en Inde. Jessie ne peut pas tout faire, son écriture lui prend du temps ; et je m'occupe de la maison et du jardin. Et puis il y a Fairy ; elle ne supporte pas que je la quitte.

« Vous avez gâté Fée parmi vous », s'écria le recteur avec irritation. « L'autre jour encore, elle était folle d'aller *elle-même en Inde* . Elle doit apprendre à abandonner, comme les autres. C'est une très mauvaise chose de se sacrifier aux caprices et aux fantaisies de sa sœur ; à long terme, ils deviendront un joug de servitude épouvantable. N'oubliez pas que vous n'êtes ni une marionnette, ni un idiot, mais un agent libre et rationnel.

"Oui", acquiesça la jeune fille. Elle savait qu'elle allait maintenant assister à l'une des conférences personnelles de M. Kerry. Cela peut se terminer dans deux ou trois minutes, et cela peut durer une demi-heure.

« Maintenant, écoute-moi, Honor. Je sais que vous êtes une bonne et honnête jeune femme et je pense que ce plan ne profitera qu'à vous-même. Vous avez tort. Votre mère est en mauvaise santé ; sa pension meurt avec elle. Si vous offensez votre seul proche parent, comment allez-vous exister ?

« Je suppose que nous pouvons travailler. Chaque femme devrait pouvoir gagner son pain, même sans beurre.»

« Honneur, je ne savais pas que vous aviez ces opinions émancipées. J'espère que vous ne laisserez aucun autre homme vous entendre les diffuser. Quant au travail ! La Fée peut-elle fonctionner ? Jessie, je le sais, peut gagner quelques kilos, mais elle pouvait à peine se maintenir ; et si vous tombez malade, que ferez-vous ? Il est préférable d'examiner les choses sous tous les angles. Votre tante et votre oncle vous ont pratiquement proposé de vous adopter. Vous reviendrez dans un an ; vous vous serez fait de nombreux amis et sœurs, aurez développé votre propre vision du monde, actuellement limitée, et aurez apporté de nombreux nouveaux intérêts dans votre vie. Votre absence du domicile sera une économie considérable. Y avez-vous pensé ?

« Une économie ! » » répéta-t-elle, incrédule.

"Bien sûr! Tu ne manges pas ? Une fille en bonne santé comme vous ne peut pas vivre de l'air ; et voilà ta robe.

«Je confectionne mes propres robes.»

"Absurdité!" avec un tourbillon impatient de son bâton. « Vous ne fabriquez pas le matériel. Comment pouvez-vous être si têtu, si volontairement aveugle à vos propres intérêts ? Si une autre fille avait votre chance, Honor Gordon serait la toute première à la pousser à y aller ; et cela dans son style le plus renversant. Vous avez une vision beaucoup plus fine des affaires des autres que des vôtres.

"Bien sûr, ce n'est que pour un an", a déclaré Honor. "Je serai de retour parmi vous tous d'ici douze mois."

— Oui, si vous n'êtes pas marié, ajouta témérairement le recteur.

"Il semble que ce soit l'impression générale à Hoyle, qu'aller en Inde signifie se marier", a déclaré la jeune fille, enflammée et l'air assez féroce. "S'il vous plaît, mettez cette idée de côté, en ce qui *me* concerne."

"Très bien, ma chère, je le ferai", fut la réponse étonnamment douce.

Touchée par son humilité, elle poursuivit : « Alors tu penses vraiment que je *devrais* y aller ?

« Mon bon enfant, il ne peut y avoir deux opinions. Tout le monde pense que tu devrais y aller.

"Sauf la Fée."

« La Fée n'a pas le droit de se mettre en travers de votre chemin, et votre absence sera pour elle une excellente leçon. Elle apprendra à être indépendante et utile. Maintenant, voici mon tour et je dois vous quitter. Rentrez directement chez vous et dites-leur que vous êtes prêt à partir et que plus tôt votre mère s'informera de votre escorte et de votre passage, mieux ce sera.

Et il lui serra la main et la quitta. Honor rentra chez lui à pas de tortue, réfléchissant longuement. Si Fée consentait, elle ne résisterait plus à la volonté de chacun. Elle irait, oui, sans plus hésiter. Après tout, ce n'était que pour un an. Mais, même si elle ne le savait pas, Fée avait déjà cédé. Jessie et Mme Banks lui avaient parlé sérieusement en l'absence d'Honor, et elle avait été persuadée d'écouter la voix de la raison — et de l'intérêt.

Si elle était allée en Inde, comme elle l'avait prévu, elle aurait été séparée d'Honor, et de son propre gré.

Ce fait, brusquement exposé devant elle par Mme Banks, elle était incapable de le nier et restait muette et maussade.

"Oncle Pelham est sûr d'adopter Honor", a ajouté Jessie, "et il fera probablement quelque chose pour nous tous, pensant que nous sommes *tous* aussi gentils que Honor, ce qui n'est pas le cas. Elle sera à la maison dans un an et elle recevra sa lettre chaque semaine.

"Oui, et *des cadeaux* ", répondit Mme Banks d'un ton significatif. "Elle aura beaucoup d'argent de poche et pourra vous renvoyer chez vous une infinité de belles choses."

La Fée renifla et soupira, s'essuya les yeux avec son mouchoir, et finit par se laisser convaincre, et quand sa sœur ouvrit la porte du salon, avec un visage plutôt solennel, elle courut vers elle et l'entoura de ses bras et dit-

« Honneur, chérie, j'ai promis de te laisser partir ! »

Le jour même, l'épître importante fut envoyée à Shirani, et Fée, pour montrer qu'elle ne faisait rien à moitié, la déposa de sa propre main dans la boîte aux lettres. Et pendant la soirée, elle a de nouveau produit les liasses de patrons, et s'est jetée corps et âme dans le choix de la tenue de sa sœur.

CHAPITRE VIII.
DANIEL POLLITT, ESQ., ET FAMILLE.

Le grand dîner au 500, Princes Gate, était terminé, le dernier train de soie avait dévalé les marches, le dernier coupé avait joué, et un jeune homme à l'air quelque peu ennuyé s'est laissé aller à un étirement et à un bâillement prodigieux et s'est promené. lentement vers la bibliothèque, où le maître de la maison, un petit bonhomme d'une soixantaine d'années, aux joues roses et à l'œil actif, se tenait devant la cheminée vide (c'était le mois de juin), les pans de son manteau sous les bras, occupé à mâcher un cure-dent. Il est peut-être riche, à en juger par son entourage, mais il n'est certainement pas distingué en apparence ; ses rares mèches sont brossées en deux cornes acérées sur ses grandes oreilles. Malgré son flamboyant étalon solitaire et son manteau irréprochable en marteau à griffes, il est plébéien ; oui, depuis la pointe de ses chaussures en cuir verni jusqu'au sommet de son crâne chauve. Il est difficile de croire qu'il soit l'oncle du jeune homme aristocratique qui vient d'entrer et de se jeter dans un fauteuil profond. Ce que les Français appellent « l'apparence de la race » est la principale chose qui frappe chez Mark Jervis. C'est ensuite, peut-être quelque temps après, que vous vous rendez compte qu'il est remarquablement beau et considérablement plus âgé que vous ne l'aviez cru au premier coup d'œil. Son visage lisse et ses yeux noisette ensoleillés sont trompeurs : le jeune Jervis a plus de dix-neuf ans, il en a vingt-cinq.

"Eh bien, Mark, c'est fini, Dieu merci", s'est exclamé M. Pollitt. « Je déteste ces grands dîners ; mais ta tante les aura. Elle dit que nous leur devons; les femmes ne sont jamais en retard dans le paiement *de ce* genre de dettes. C'était bien fait, hein ? Ce nouveau *chef* est une réussite. Avez-vous goûté les Perdreaux aux Chartreuses… ou la Bouchée à la financière, ou cette *entrée froide* ?

"Non, oncle Dan," étranglant un autre grand bâillement.

« Ah, espèce de chien rusé ! Vous étiez trop préoccupé par Lady Boadicea ! Elle est considérée comme une beauté – du moins sa photo a fait sensation. Qu'en penses-tu? Comment te frappe-t- *elle* ?

"Pour moi, elle ressemble à une poupée de cire tenue trop près du feu et elle est à peu près aussi animée."

"Eh bien, vous ne pouvez pas dire cela de la jeune Américaine, Miss Clapper... il y a un teint !... il y a de l'animation !... il y a un étourdissement pour vous !"

« Une stupéfiante, en effet ! Elle m'a mis son argent dans la gorge en quantités si énormes que je pouvais à peine avaler autre chose !

"Alors pourquoi diable n'as-tu pas fourré un peu du *mien* dans le sien, hein ?"
rire. "Je t'ai vu à Hurlingham cet après-midi."

« Vraiment, monsieur ? Je ne savais pas que tu étais là.

« C'était une courge effrayante – à peine une chaise disponible ; les Royalties,
une belle journée et un match populaire, les ont amenés. Je suppose que
c'était le nouveau poney que vous essayiez, brun avec des pattes blanches.
Comment l'aimez-vous ?

« Il n'est pas bricoleur et il est un peu lent. Il n'est pas dans la même classe
que Pipe-Clay ou l'Arabe alezan ; Je ne pense pas que nous l'achèterons,
monsieur.

« Lord Greenleg était très impatient de savoir ce que je pensais de lui. Il n'en
veut que cent trente. Il m'a demandé de lui répondre sur-le-champ, car il avait
un autre client, mais j'ai pensé qu'il valait mieux attendre d'avoir votre avis.
Le poney vaut-il cent trente guinées ? Que dites-vous?"

"Je dis, coupez le premier chiffre, et c'est à peu près sa valeur", répondit
brièvement son neveu.

M. Pollitt avait l'air vide. Il aimait plutôt acheter des poneys aux seigneurs,
même à un prix élevé, mais cent guinées de trop, c'était une grosse somme.
Il savait qu'il pouvait se fier à l'opinion du jeune homme, car, si paresseux
qu'il paraissait, allongé là dans un fauteuil, il pouvait à la fois acheter un cheval
et monter à cheval, ce qui ne suit pas toujours. Le jeune à l'air languissant
était un cavalier dur avec les chiens et un joueur de polo accompli.

"Alors je suppose que le brun ne nous dérangera pas, hein, Mark?" » dit son
oncle plutôt tristement. "Après tout, la saison se fait tard et Sa Seigneurie a
une autre offre."

" *A-t*-il!" de manière expressive. "Oh, alors, tout va bien."

« Votre équipe a bien joué aujourd'hui, mon garçon ! »

« Et nous avons été bien battus : deux buts à quatre. Johnny Brind n'est pas
bon comme arrière. Il est assis en deux sur sa selle, comme un chat en colère,
et laisse rouler la balle entre les pattes avant de son poney... et sa langue !

« Cela n'est pas venu jusqu'à mes oreilles. Je vous ai vu parler à Lord Robert
Tedcastle. Vous étiez à Eton avec lui ; vous pourriez le ramener chez vous
pour déjeuner un dimanche ; et ce prince italien, l'avez-vous croisé ?
anxieusement.

"Non; Je ne l'ai pas vu."

« J'ai remarqué que vous aviez une longue conversation avec ce jeune Torrens ; de quoi parlait-il ? Il hochait la tête et agitait les mains comme un jouet bon marché.

« Il me parlait de ses projets. Lui et son frère partent en Amérique la semaine prochaine, puis au Japon, en Australie et en Inde. Je dis, oncle Dan, " se redressant soudainement," j'aimerais que tu *me laisses* voyager pendant quelques années et voir le monde.

Un silence de près d'une minute, puis M. Pollitt éclata :

"Maintenant, c'est quelque chose que le jeune connard de Torrens vous a mis dans la tête. Voir le monde! Quel monde ? Vous le voyez à la maison. L'Angleterre est le monde. Vous avez le meilleur de tout ici : les plus belles femmes, les meilleurs chevaux, la meilleure nourriture et la meilleure boisson, le meilleur… » Il fit une pause, et son neveu, qui soignait sa jambe, suggéra doucement « le climat ».

« Le climat soit pendu ! meilleure société », a braillé M. Pollitt. « Le fait est que vous, les jeunes, ne savez pas quand vous êtes aisés. Voyagez, découvrez le monde, jouez aux quilles ! »

«Je sais que je me porte extrêmement bien grâce à vous, oncle Dan», répondit doucement son neveu. « J'ai de superbes poneys de polo, un élevage de chasseurs de premier ordre, une allocation splendide – mais un gars ne peut pas jouer au polo, chasser et aller aux bals et au théâtre toute sa vie ; du moins, ce n'est pas *mon* idée de la vie. Je n'ai rien à faire, pas de métier, tu sais ; vous ne voudriez pas entendre parler de mon entrée dans le service.

"Non, je déteste l'armée, quelle perspective offre-t-elle aux jeunes idiots qui travaillent comme esclaves pour y entrer, de vivre vagabonds et de mourir mendiants !"

« Il y avait le corps diplomatique ; mais je n'ai pas assez d'intelligence pour cela.

"Étalages! Vous ne voulez pas d'un métier qui consiste à retirer le pain de la bouche des autres. Vous êtes mon héritier, *c'est* votre métier. Quant à l'intellect, il y en a beaucoup trop de nos jours ; le monde serait bien plus facile à gouverner s'il y avait moins ! Tu as assez d'intelligence, mon garçon, tu as très bien réussi à Oxford.

"Je sais que j'ai beaucoup de chance", répéta le jeune homme, "et que des milliers de gars donneraient n'importe quoi pour être à ma place."

"Clarence pour commencer", interrompit son oncle avec un grand rire.

« Mais j'en ai marre de l'éternelle tournée sur tapis roulant de la saison londonienne : Ascot, Goodwood, Cowes, Écosse. Puis retour à Londres, et nous recommençons toute l'affaire. Nous voyons les mêmes personnes et faisons les mêmes choses.

« Quel âge as-tu, Marc ? » » interrompit M. Pollitt avec enthousiasme.

"Vingt-cinq."

« On dirait que tu as quatre-vingt-cinq ans ! Mais c'est à la mode de s'ennuyer et *de s'ennuyer* , et de laisser entendre que la vie ne vaut pas la peine d'être vécue. Tu es à la pointe de la mode, mon garçon ! Le fait est que vous êtes trop prospère. Un véritable coup dur, tranchant jusqu'aux os, ne vous ferait aucun mal.

« Peut-être. A proprement parler, je crois que j'aurais dû être le fils d'un homme pauvre et que je devais travailler à ma manière. Je sens que je pourrais le faire. Cela ne me dérangerait pas d'être soldat, marin, explorateur ou même cavalier.

« En fait, pour résumer, tout sauf ce que vous *êtes* . »

«Eh bien, oncle Dan, vous vous êtes frayé un chemin jusqu'au front, étape par étape, vous avez gagné vos éperons et vous avez apprécié la bataille. J'aimerais prendre une arme et entrer dans la mêlée. Ici, il se leva brusquement, s'approcha de son oncle et, posant affectueusement sa main sur son épaule, il lui dit : « Je voudrais faire quelque chose qui te rende, avec un rire nerveux, fier de moi ; et alors qu'il regardait le petit visage astucieux de son oncle, ses yeux brillaient d'une excitation réprimée.

«Je suis assez fier. Vous êtes ma propre chair et mon sang : un beau garçon, un cavalier capital et un gentleman ; J'aime un peu trop barboter avec vos vilaines et sales peintures à l'huile, un peu rêveur et chimérique, mais… »

À ce moment-là, la porte s'ouvrit doucement et un long nez crochu entra lentement dans la pièce, suivi d'une grande dame mince et âgée, vêtue d'une robe couleur brume et flamboyante de diamants. Une personne jaunâtre, à l'air mécontent, avec un air noble, malgré sa frange ébouriffée.

« Alors vous êtes *tous les deux* ici ! » murmura-t-elle doucement.

"Oui", acquiesça M. Pollitt; "et voici Mark", agitant une petite main carrée vers lui. « Selon vous, quel est son dernier engouement, Selina ? Il veut voyager pendant quelques années pour voir le monde. Tout comme le héros d'un conte de fées.

Mark s'empressa de placer une chaise pour sa tante, dans laquelle elle s'enfonça doucement, gardant ses yeux fermement fixés sur les siens pendant qu'elle le faisait, et rétrécissant progressivement son regard vers une lueur de chat.

"Sais-tu que j'aime plutôt *l'* idée !" remarqua-t-elle après un moment de silence. «Je pense que c'est une chose choquante pour un jeune homme de gâcher sa vie, à se prélasser dans des clubs à bavarder et à jouer, ou à jouer à un jeu sur le dos d'un poney. Voyager améliore l'esprit et élargit les idées. Ici, apercevant le visage méprisant et colérique de M. Pollitt, elle ne perdit pas de temps pour ajouter : « Vous savez, c'est la mode de voyager, il n'y a que les gens de second ordre et les gens qui restent à la maison. Lady Grace et Lord Kenneth se rendent en Inde par ce temps froid, tout comme le duc de Saltminster, le marquis et la marquise de Tordale, ainsi que des foules d'autres personnes intelligentes.

Les gens intelligents étaient pour M. Pollitt, comme le savait sa femme rusée, le sel même de la terre ; et son expression passa de celle d'une fureur réprimée à une attention sérieuse.

"Inde! Peut-être que cela ne me dérangerait pas autant », a-t-il admis après une pause. « Le garçon est né là-bas et il pouvait retrouver son père. Oui, et il pourrait faire du tir, ramasser quelques tigres, ainsi que de belles connaissances et compagnons.

"Oh, mais bien sûr, Mark ne pouvait pas voyager seul, ma chère. Il doit avoir une attitude agréable et expérimentée… »

« Chef d'ours ou gardien ; ou que diriez-vous à un chaperon ? interrompit son mari.

« Ma chérie ! » » protesta-t-elle gravement. « Vous savez bien que ce serait terriblement ennuyeux pour le pauvre garçon de parcourir le pays sans personne pour lui tenir compagnie, ne sachant où aller ni quoi dire. Maintenant Clarence, »et elle hésita.

"Oui, maintenant Clarence. Et maintenant?" nettement.

« Clarence », parlant très distinctement, « a été en poste en Inde pendant huit ans. C'est un Anglo-Indien expérimenté, qui a des centaines d'amis, qui parle couramment l'hindoustani et qui ne cesse de se faire photographier et de rencontrer des *princes indigènes* » (une grande importance est accordée aux princes). "Il serait un guide capital pour Mark."

"Euh!" avec un petit rire. "Je n'en suis pas si sûr, Mme Pollitt."

"Oh, mon cher Dan, il est parfaitement stable maintenant. Eh bien, il a trente-cinq ans et il a semé sa folle avoine. Je ne crois jamais vraiment en ces jeunes hommes merveilleusement bons », et elle jeta un rapide coup d'œil à

Mark. «Sauf Mark, bien sûr, et il aurait dû être pasteur, et, avec un petit ricanement, il pourrait encore devenir missionnaire.»

« Mais l'Inde n'est pas une nouveauté pour Clarence », protesta M. Pollitt ; « et, de toute évidence, il a fait trop chaud pour le retenir. Mark peut facilement rejoindre un groupe d'amis et faire la tournée avec eux. Vous dites que les Rothmore… »

"Oh oui", avec impatience; « et ils ont pris leurs dispositions il y a des mois. Mark ne peut pas s'en prendre aux gens, comme vous l'exprimez ; cela ne suffirait pas du tout. Au contraire, il faut qu'on *lui* cloue quelqu'un . Le voyage sera une aubaine pour mon frère, ainsi que pour votre neveu. Le pauvre Clarence aime l'Inde. Il est terriblement endurci ; il serait un compagnon idéal pour Mark », se tournant vers lui. « Qu'en dis-tu, Marc ? Répondez-nous franchement.

Et dans ces circonstances, que pouvait dire Marc sinon : « Oui ; oh, certainement. Clarence est un bon type.

"Et de toute façon, *il* peut très bien être épargné de chez lui", a ajouté sèchement M. Pollitt.

"Alors tu consentiras à la demande de Mark, chérie?" dit sa femme en se levant et en le tapotant d'un air espiègle avec son grand éventail en plumes. "Pensez à tout ce qu'il aura à vous dire et à toutes les jolies choses qu'il nous apportera."

"Tant qu'il n'amène pas de *femme* !" grogna le vieux monsieur. « Eh bien, eh bien, il n'est pas fréquent que vous et Mark soyez du même côté dans un débat, ou que vous appuyiez la résolution. Lorsque vous combinez, vous êtes trop fort pour moi. Je vais y réfléchir."

Mme Pollitt jeta un rapide coup d'œil significatif à son neveu par alliance, car ce discours montrait clairement que le projet de loi soumis au (chef de la) chambre avait été adopté et qu'il ne restait plus qu'à passer en comité des voies et moyens.

CHAPITRE IX.
AUTORISATION DE VOYAGE.

Mark Jervis avait été agréablement surpris par la coopération enthousiaste de sa tante ; grâce à sa puissante alliance, il avait fait valoir son point de vue et devait passer douze mois à voyager en Inde, accompagné du frère de Mme Pollitt, le capitaine Clarence Waring. Ce dernier s'apprêtait à retrouver ses anciens repaires sous un tout nouveau personnage, celui du mentor et du compagnon d'un jeune homme, et qui plus est, d'un jeune homme riche. Le monde entier a entendu parler de « l'orge perlé de Pollitt » et de la « nourriture brevetée pour volailles de Pollitt ». Ses mérites ne sont-ils pas blasonnés en lettres flamboyantes dans les gares, dans les champs qui bordent les express à bascule qui tonnent à travers le pays ? Le nom de « Pollitt » ne salue-t-il pas les yeux misérables des voyageurs souffrant du mal de mer, alors qu'ils descendent en titubant les échelles des lévriers des océans ? En bref, l'entreprise de Daniel Pollitt et la renommée de l'orge perlé de Pollitt sont de renommée universelle.

Bien qu'il ne se soit jamais vanté de ce fait, ni assuré à ses proches qu'« il a commencé sa vie avec le traditionnel six pence », M. Pollitt est un self-made man. Il parle assez librement des relations de sa femme, du fameux pedigree de son neveu, mais il n'a pas une seule allusion, de la façon la plus lointaine, à son propre petit arbre généalogique. Pourtant, il n'a aucune raison d'avoir honte. Son père était un gentleman de naissance, un pauvre vicaire, qui avait laissé deux orphelins presque sans le sou, Dan et une sœur, plusieurs années plus jeune que lui. Le premier, alors qu'il était encore au début de l'adolescence, avait grimpé sur un tabouret dans un bureau de la ville, de là (fuite inhabituelle) il s'était envolé vers le succès et la richesse. Grâce à une industrie, une astuce et un courage indomptables, il était désormais un marchand de crédit et de renommée. Cette dernière, qui était une fille remarquablement jolie et bien instruite, accompagna une dame en Inde, en qualité de gouvernante, et, en un temps étonnamment court, épousa le capitaine Jervis de la cavalerie du Bengale, un bel officier populaire, avec un long pedigree et une bourse un peu mince. De toute évidence, le mariage a été heureux. Au bout de six ans, Mme Jervis mourut et leur unique enfant, un garçon de cinq ans, fut envoyé à l'école en Angleterre. Cinq ans plus tard, il est suivi par son père, qui rentre précipitamment chez lui avec un congé de trois mois, afin de voir le petit Mark ainsi que son tailleur et son dentiste. Le major Jervis, un beau soldat bronzé et distingué, fit une excellente impression sur l'homme laborieux de la ville, son beau-frère, qui l'invita cordialement à rester avec lui à Norwood, où il possédait une luxueuse célibataire. Et ici, autour d'un bordeaux irréprochable et de cigares, l'officier indien déplia ses plans.

Le petit Mark était sur le point d'avoir une belle-mère, la dame était une Miss Cardozo, d'origine portugaise, brune, belle, pas très jeune, mais extrêmement riche, et très entichée du papa du petit Mark. Son grand-père était un aventurier militaire, dont l'épée et l'audace lui avaient valu le cœur et les trésors d'une Begum. Le père de Miss Cardozo était planteur d'indigo, en ce bon vieux temps où les récoltes d'indigo rapportaient des lacs de roupies, et elle était son unique héritière et orpheline. Outre la richesse et les bijoux de la Begum, elle possédait des propriétés dans le Doon, des propriétés dans les collines, des propriétés à Tirhoot, des actions dans des banques et des chemins de fer et d'importants investissements dans les fonds.

Les petits yeux astucieux de M. Pollitt brillèrent d'un air approbateur alors qu'il absorbait ces détails.

« Supprimez le service, amenez-la en Angleterre et prenez une belle maison de campagne », fut sa suggestion immédiate.

« Non, non, elle déteste l'Angleterre ; elle était à l'école ici. Elle redoute nos hivers, la pluie et le brouillard », répondit le major Jervis. « Et elle aime que je sois au service. Je peux vous dire que nos hommes et nos chevaux sont quelque chose à voir ! Mércèdes, c'est son nom, aime le faste, le faste et le scintillement, et est très attachée à l'Inde ; et pour vous dire la vérité, Pollitt, j'ai aussi un faible pour le pays. Cela fait vingt-deux ans que je suis là-bas, depuis mes dix-huit ans, avec seulement deux petits congés, et c'est un pays qui me convient parfaitement. Mes proches parents en Angleterre sont tous morts, je n'ai aucun lien ici, tous mes amis et intérêts sont là-bas, et cela ne me dérange pas si je termine mes jours à l'Est.

"Et qu'en est-il de Mark?" » demanda son auditeur.

"Oui, c'est la question", dit son père. « C'est dur pour ce garçon de ne pas avoir de maison avec moi – mais plus tard, il entrera dans le service et reviendra vers nous. Vous avez été merveilleusement gentille avec lui, je le sais, en l'accueillant ici pendant ses vacances, et il vous aime beaucoup, comme il se doit. Je me sens un peu coupable à son sujet, le pauvre ; il a dix ans et je ne l'ai plus vu depuis la moitié de ce temps, et maintenant, Dieu sait comment et où nous pourrons nous revoir. Bien sûr, aucun argent ne sera épargné pour son éducation, et tout ça… mais… » Il fit une pause.

"Mais *je vais* vous dire ce que vous ferez", a poursuivi M. Pollitt. « Je vais résumer toute l'affaire en un mot. Vous prenez un nouveau départ, vous et le garçon êtes presque inconnus, vous ne ressentirez donc pas la clé. Donnez-le- *moi* , je l'aime, je n'ai pas de famille, c'est un beau petit garçon courageux, avec les yeux de la pauvre Lucy, je lui assurerai une éducation de première classe, je l'élèverai comme mon fils et je lui ferai mon héritier, et laisse-lui tout ce que je vaux ; viens maintenant?"

« C'est une offre splendide, Pollitt, mais *je* l'aime aussi. Je ne peux pas subvenir à ses besoins comme vous le feriez, je ne peux que le mettre au monde avec un métier et lui faire une petite pension, car bien sûr l'argent de Mércèdes sera réglé sur elle-même. Si je vous le confiais, dans les années à venir, je pourrais me repentir, je pourrais vouloir qu'il revienne.

"Dans les années à venir, vous aurez probablement une demi-douzaine d'autres fils, et vous serez reconnaissant de ne plus avoir l'un d'eux entre vos mains."

Après de longues discussions : Jervis, le père, un peu réticent ; Pollitt, l'oncle, extrêmement impatient et pressant, l'affaire était conclue. Mark devait correspondre avec ses parents aussi régulièrement qu'il le souhaitait, mais il devait être, à toutes fins pratiques, le fils de son oncle Daniel.

Le major Jervis a profité au maximum de ses cinq semaines en Angleterre. Il a investi dans un nouvel et magnifique uniforme, une nouvelle batterie d'armes à feu, de la sellerie, des cadeaux pour ses amis indiens et sa *fiancée*, et a vu autant de choses que possible de Mark. Plus les deux hommes se connaissaient, plus ils s'aimaient. Ils allèrent à la Tour, chez Madame Tussaud, au Zoo, aux théâtres. Mark accompagnait invariablement ses parents chez les tailleurs, les bottiers et les armuriers, et devint par la suite une autorité en la matière à l'école. Son père soldat aux mains ouvertes, qui le comblait de cadeaux, qui lui racontait les exploits émouvants de ses ancêtres, de ses propres sowars basanés, de la chasse au tigre et des promenades en éléphant, devint rapidement son héros et son idole.

Après avoir été interrogé sur son choix de profession, Mark, après avoir longuement réfléchi, annonça gravement à son père et à son oncle « qu'il préférerait être célibataire ».

"Et ce n'est en aucun cas un mauvais choix", rugit M. Pollitt avec une grande joie. « Tenez-vous-en à cela, mon garçon, tenez-vous-en à cela, copiez votre vieil oncle.

« Je ne pense pas qu'il le fera », remarqua le major Jervis avec décision ; « il prendra de moi. Nous sommes une race susceptible, nous les Jervises, et je lui donnerai jusqu'à vingt-deux ans.

Le jour de la séparation fut triste pour le père et le fils. L'enfant luttait désespérément pour être un homme, pour ne pas verser de larmes et se comportait à merveille, du moins en public, mais après le départ du fiacre, il s'enfuit précipitamment, s'enferma dans sa propre petite chambre et se jeta sur le sol, et s'abandonna au chagrin le plus amer qu'il ait jamais éprouvé, et il avait dix ans.

Quelques années après cette scène, M. Pollitt, à la surprise de tous, épousa une femme fanée, élégante, de bonne famille, mais sans partage. Il a acheté une maison à Princes Gate, loué une lande à tétras, une forêt de cerfs et un box de chasse, et a investi dans des diamants célèbres. Il avait maintenant amassé une grande fortune et, à l'âge de cinquante-cinq ans, il se retira des affaires pour la dépenser. Mais voici une difficulté inattendue : il ne savait jouir du résultat de ses travaux que par procuration. Il admirait son beau neveu bien né pour manipuler ses milliers de personnes, un peu comme un enfant fait appel à un ami expérimenté pour qu'il fabrique un nouveau jouet mécanique. Toute sa jeunesse s'était déroulée dans les grands entrepôts de la ville, sur les quais et dans les bureaux. Il n'avait jamais roulé, sauf sur le toit d'un omnibus, il ne savait ni conduire, ni tirer, ni ramer, ni même pêcher, et, hélas ! il était maintenant trop tard pour apprendre. Il se lance cependant dans les sports de terrain en tant que spectateur, avec un enthousiasme surprenant. Il marchait avec les fusils sur ses landes et était très excité par le sac. Il offrait des prix fantaisistes pour les chasseurs de son neveu et assistait à chaque rencontre (sur roues), où il y avait la possibilité d'assister à leur performance, de suivre la ligne et de garder les chiens en vue autant que possible, au moyen de raccourcis et de lunettes. .

Il était vraiment fier lorsqu'il a vu le nom de son neveu sur le *terrain* comme le meilleur coureur d'une course sensationnelle. Le pire dans tout ça, c'est que Mark détestait la notoriété sous toutes ses formes, restait en retrait là où il aurait dû se manifester, se manifestait alors qu'il aurait dû rester en retrait ; en réalité, il n'avait aucune envie de louer un théâtre, d'entretenir des chevaux de course ou même de jouer ; enfin il n'avait pas un seul goût extravagant. (Il s'agissait là, en effet, d'un cas des plus singuliers. Combien de pères y a-t-il, dans ces derniers jours, qui se sentent blessés et déçus parce que leurs fils ne dépenseront pas des milliers ?) D'un autre côté, Mme Pollitt n'était que trop prête à aider son partenaire. en déposant de grosses sommes. Elle avait de nombreuses relations dans le besoin et espérait faire de grandes choses pour eux ; mais elle découvrit, à son grand regret, que la dépense personnelle de la richesse de son mari lui était refusée. Elle avait une tenue généreuse, des diamants de première qualité, des équipages, un bel établissement, une femme de chambre française ; mais elle ne pouvait pas mettre la main dans la bourse de son seigneur et maître et distribuer des largesses à ses pauvres parents, et — ce qui était un cas vraiment difficile — elle ne pouvait même pas tenter d'arranger une alliance entre Mark et l'une de ses nièces. Non, M. Pollitt était résolu à ce que son héritier épouse *le rang* . Ce doit être « M. et Lady Somebody Jervis », et avec la beauté, l'argent et la naissance de Mark, il n'y aurait aucune difficulté dans cette petite affaire. Ensuite, Mark doit entrer au Parlement, s'établir comme un grand propriétaire foncier et le disputer aux meilleurs. C'est ainsi que son oncle a tracé son avenir, qui a sagement gardé cette esquisse pour lui.

Mme Pollitt fut surprise de trouver son cher Daniel si obstiné et si impraticable sur plusieurs sujets insignifiants. Par exemple, elle avait décidé de changer l'orthographe de son nom et était même allée jusqu'à faire imprimer ses propres cartes : « Mme. D. Murray-Paulet, 500, Princes Gate.

« Quelle chance que Daniel ait un deuxième prénom ! se dit-elle en examinant avec complaisance son nouveau titre, quelques jours après son mariage. Elle traversa la pièce en trébuchant et brandit une carte d'un air espiègle devant les lunettes du marié, et l'homme ennuyeux s'était exclamé :

"Qui est-elle? Je ne supporte pas les visiteurs. Tiens, laisse-moi d'abord partir, si elle arrive... »

«Le nouveau tour de cartes», comme il l'appellera plus tard, avait été leur première épreuve de force, et la mariée avait succombé en larmes.

"Changez son nom!" il avait hurlé : « son nom, qu'il avait fait ! Jamais! Il en était fier. C'est la femme qui a changé de nom lors du mariage, pas le mari. En était-elle consciente ?

Un autre sujet sur lequel elle avait dû céder était celui des factures de ménage ; ils sont tous passés entre les mains de M. Pollitt, qui les a réglés par chèque, par conséquent il n'y a pas eu de cueillette.

Mme Pollitt avait ses propres projets particuliers ; elle ne pouvait pas offrir à ses proches une aide très solide, mais faisait ce qu'elle pouvait. A sa sœur et à ses nièces, elle distribuait des robes et des manteaux à peine portés ; elle leur offrait des promenades, des loges au théâtre, des billets et des invitations perpétuelles à dîner, à déjeuner et à toutes ses soirées ; à son frère Clarence les sommes qu'elle pouvait épargner avec son argent de poche. Clarence était de dix ans son cadet, gay, *débonnaire* et beau. Il avait de beaux yeux bleus insolents, une moustache bien soignée, une silhouette admirable et des manières plutôt autoritaires. C'était un homme du monde complet, qui avait beaucoup de problèmes pécuniaires, pas de principes fixes et peu de scrupules. Il était néanmoins agréable et nullement impopulaire.

Le capitaine Waring avait dépensé chaque centime qu'il possédait (et bon nombre de centimes appartenant à d'autres personnes) ; et lorsque son régiment revint de l'Inde, il avait été contraint de se retirer du service et vivait depuis lors de ses amis et de son esprit. Ce voyage en Inde serait pour lui une chose capitale, tous frais payés ; et si lui et Mark restaient absents pendant un an, certaines des autres relations pourraient prendre pied à Princes Gate.

L'aphorisme « L'absence rend le cœur plus affectueux » ne s'applique pas aux oncles et aux neveux.

Si Mark ne revenait *jamais*, cela ne briserait pas le cœur de sa tante. S'il n'avait pas été le favori de son mari, elle l'aurait peut-être aimé. Il était extrêmement présentable ; elle aimait l'exhiber dans son carrosse ou dans sa loge d'opéra (gratification dont elle jouissait rarement). Il était toujours poli, toujours soucieux de son confort, toujours respectueux, même s'il s'était montré prêt à répondre avec force à une ou deux occasions critiques ; mais il ne comprenait pas l'art de flatter, et elle en consommait à grandes doses. Ici, Clarence était suprême ; c'était *lui* qui lui avait solennellement assuré qu'elle ressemblait étrangement à Sara Bernhardt. Oui, voix d'or et tout ; et la pauvre dame trompée le crut, s'habilla de draperies collantes et peigna sa frange jusqu'à ses sourcils afin de souligner sa ressemblance indéniable avec la grande actrice. Un jour, alors qu'elle interrogeait M. Pollitt à ce sujet, il avait ri si bruyamment, si comme un mari, qu'une crise d'apoplexie semblait imminente.

Le capitaine Waring était très enthousiaste à l'égard de ce projet indien et apporta naturellement au projet son plus chaleureux soutien. *Tête-à-tête*, il a déclaré : « C'est une idée de premier ordre de la part de Mark's. L'oncle le tient bien trop serré dans sa main. Pas étonnant qu'il veuille s'éloigner, voir le monde et vivre sa propre vie, pauvre diable !

"Quelle absurdité!" » protesta Mme Pollitt avec irritation. "Il a beaucoup de liberté et un verrou."

« Et ne sait pas utiliser l'un ou l'autre. D'ailleurs, l'œil fier de l'oncle est toujours sur lui ; il le suit comme un chien, pire encore, car les chiens ne sont pas admis dans les clubs ! Cependant, ces douze mois de vacances dans un pays lointain seront pour moi un soulagement des plus bénis pour le garçon et pour mon entreprise A1. Je suis à bout de souffle ; et si cela ne s'était pas produit, j'aurais dû me battre avec Miss Clodde. Elle est commune et d'apparence repoussante, mais pèse trente mille livres. J'espère que je ne serai jamais assez *désespéré* pour l'épouser ; en tout cas, j'ai un an de répit.

"Comment sais-tu qu'elle t'aurait, Clar ?"

Le rire de Clar était une étude intéressante de l'assurance virile.

«J'aurais vraiment aimé que tu *sois* marié», continua sa sœur d'un ton plutôt maussade.

"Oui; à une riche veuve âgée qui a eu une aventure, c'est mon style.

« Quelle horrible façon de parler ! Tu es vraiment trop affreux. Je suppose que ce voyage sera plutôt coûteux ?

"Plutôt *!*" énergiquement.

« Et tu seras le trésorier ? ouvrant au maximum ses yeux pâles.

"Je n'en suis pas si sûr", secoua la tête. « Bien sûr, comme je suis le manager et que je dirige personnellement cette tournée, tous les paiements doivent provenir de *moi* . « L'oncle », cependant, est plutôt réticent à avoir des relations financières avec son beau-frère, comme vous le savez par triste expérience. Cependant, je pourrai peut-être y parvenir une fois que nous serons en Inde, et vous pourrez compter sur moi pour tirer le meilleur parti de mon temps et de mes opportunités. J'étais tellement en difficulté que je pensais m'inspirer du livre de Charlie Wilde. Il écrit des hymnes et des tracts...

« Comme tu es absurde ! Quelle absurdité absurde ! Charlie Wilde, qui n'est jamais entré dans un lieu de culte depuis des années, écris des tracts !

"Je vous le dis!" insista Clarence. « Il a un talent merveilleux et fait le style pathétique et émotionnel A1. Il gagne environ dix livres chacun et investit l'argent en un rien de temps sur le gazon.

«Eh bien, Clar», dit sa sœur profondément choquée, «je ne peux pas te féliciter pour tes compagnons; et quoi que vous en arriviez, j'espère que vous n'arriverez jamais à un tel degré de méchanceté.

Sur un point, le capitaine Waring et M. Pollitt étaient tout à fait d'accord, à savoir. que « le voyage doit être fait avec style, voire pas du tout ».

Mark était enclin à voyager « à bas prix », s'était plaint son oncle et avait protesté contre une grande quantité de bagages, une batterie de fusils et un voiturier.

"Trente paires de bottes!" il pleure. « Quelle connerie ! Je ne vais pas me *promener* en Inde !

« Mais Clarence dit qu'on ne peut pas faire avec moins, et qu'il doit le savoir mieux que vous », a soutenu M. Pollitt. « Je vous souhaite de voyager comme un gentleman, pas comme un bagman. C'est là que tu me déçois, mon garçon : tu ne fais aucune apparition, aucun élan ; vos goûts sont tous pour le calme : votre personnage préféré est la violette et vous préférez une banquette arrière. Vous partez sur le même bateau à vapeur avec beaucoup de gens — j'y ai veillé — et il est fort probable que vous unirez vos forces à votre arrivée. Ces houles vous prennent. Quant à moi, ils ne s'occupent que de mes dîners et de ma forêt de cerfs. Cependant, tant que *vous* êtes dans le meilleur groupe, je m'en fiche, je suis satisfait.

« Je pense que Clarence et moi allons rester seuls et ne rejoindre aucun parti, monsieur ; nous serons plus indépendants. Il a esquissé notre territoire : Bombay, Poonah, Secunderabad, Travancore, Madras, Ceylan, Calcutta, les collines ; et cela me fait penser à vous demander si vous avez une idée de l'endroit où se trouve mon père ?

« Bostock et Bell, Bombay, sont ses agents », éludant la question et le regard de son neveu.

"Je sais que; Je leur ai écrit régulièrement au cours des six dernières années.

"Et tu n'as jamais eu de réponse?" avec une satisfaction mal dissimulée.

"Non, sauf un 'Pionnier' à de très, très longs intervalles."

« Juste pour montrer qu'il est vivant ? Voyons, cela fait huit ans qu'il a quitté le service et est allé vivre à un endroit appelé le Doon. Il écrivait jusque-là assez régulièrement ; et quand Mme Jervis a été tuée dans cet accident de voiture, il n'a jamais envoyé de ligne, seulement un journal. Pauvre femme! Je crois qu'elle lui a mené une vie de diable. Elle était incroyablement jalouse.

« Je suppose que je peux obtenir son adresse à Bombay – sa vraie adresse, je veux dire ?

"Oui, je devrais le penser."

"Et puis je le retrouverai immédiatement."

« S'il est recherché. Les Jervise sont une famille excentrique. J'en ai entendu parler il n'y a pas longtemps.

"Mais mon père ne vous a jamais paru excentrique, n'est-ce pas ?"

"Non. Et bien sûr, vous devez essayer de le voir ; mais ne le laisse pas mettre la main sur toi et te *garder*, mon garçon. C'était un type beau et persuasif, et il possédait un charme personnel merveilleux – quand il choisissait de l'exercer. L'Inde l'a envoûté et l'a gardé avec elle pendant la meilleure partie de sa vie. Ne laissez pas l'Inde faire de même avec *vous*.

« Aucune crainte de cela », avec emphase.

"Eh bien, je suis désolé maintenant que tu partes là-bas, pour plusieurs raisons. J'aurais préféré la Chine ou l'Australie, mais Waring a son mot à dire et sa voie.»

« Et j'ai eu *mon* mot à dire et ma manière aussi, oncle Ben. L'Inde est ma terre natale ; Je m'en souviens très bien : les domestiques avec leurs visages sombres et leurs gros turbans blancs, mon petit poney alezan qu'on appelait le « Lal Tatoo », et je veux voir mon père. Vous savez que nous ne nous sommes pas rencontrés depuis quinze ans.

« Je sais », acquiesça sombrement M. Pollitt, et il ajouta après une pause : « Je me demande maintenant s'il vous serait possible de me renverser... et de rester là avec lui !

« Il n'y a pas la moindre probabilité que cela se produise. En plus, mon père ne veut pas de moi.

« Et à supposer que ce *soit le cas* ! s'écria M. Pollitt, se levant soudain d'un bond et commençant à marcher dans la pièce. « Gardez cela à l'esprit : vous devez vous décider entre nous ! Vous ne pouvez pas être fils et héritier de *deux* hommes ! Vous pouvez lui rendre une visite d'une semaine, ou d'un mois tout au plus ; mais si vous retardez votre retour à sa demande, je vous préviens : vous pouvez rester en Inde jusqu'à ce que je vous vienne chercher ! Pour résumer, je m'en lave les mains pour toujours ! Vous ne verrez pas un centime de mon argent », a-t-il poursuivi avec une grande excitation. « Je laisserai chaque shilling aux hôpitaux, tu comprends ça, hein ? » haleta-t-il, essoufflé.

« Oui, et ce ne serait que juste. Je ne peux pas vivre avec mon père en Inde et être votre fils adoptif à la maison, mais vous êtes inutilement alarmé. Je reviendrai sans faute d'ici un an. Je prendrai un billet aller-retour si tu veux.

« Eh bien, c'est une bonne affaire, mon garçon. Je suis un peu jaloux de ton père, et c'est un sentiment désagréable, bas et peu distingué. Je dois avouer que j'ai été heureux qu'il vous ait, pour ainsi dire, laissé tomber. Mais il t'a livré entre mes mains lorsqu'il a épousé la Begum, et tu es *mon* fils, pas le sien.

Le jour du départ arriva ; le valet (une personne quelque peu bavarde, avec de superbes références), chargé de trois fiacres chargés de bagages, précédait les voyageurs à Victoria, tandis que M. et Mme Pollitt conduisaient les jeunes gens dans le landau familial, afin de voir le dernier d'eux.

Alors que Mark et son oncle arpentaient lentement le quai, ce dernier, qui avait été sans cesse difficile toute la matinée, dit :

« Maintenant, j'espère que rien n'a été oublié et que vous avez tout ce que vous voulez ?

"Je suis sûr que nous l'avons fait - et dix fois plus."

« Vous écrirez souvent, une fois par semaine, ne serait-ce qu'une ligne, hein ? Attention, ne nous oubliez pas.

"Ne craignez rien, oncle Dan."

« Et rappelez-vous notre marché. Même si je n'ai pas pris de billets aller-retour, après tout. Ne restez pas plus d'un an. Je ne sais pas comment je vais m'en sortir sans toi. Je ne pourrai plus jamais utiliser le mail-phaeton maintenant, car je déteste m'asseoir à côté du cocher – et – vous savez, j'ai essayé de conduire une fois – et le résultat. Il n'y aura personne pour m'emmener sur la rivière par une chaude après-midi – d'autres personnes mais vous pensez qu'un vieux brouillard n'a rien à faire là-bas. Oh, tu vas me manquer ! J'ai déposé de l'argent pour vous à Bombay chez Bostock & Bell's » (nommant une somme magnifique), « et quand ce sera fait, vous devrez rentrer à la maison, car je ne vous enverrai plus d'argent. C'est à votre nom, bien sûr : vous serez le payeur.

"Très bien, mon oncle."

« Gardez votre chéquier sous clé. Ne laissez pas un tigre s'emparer de vous, ni d'une de ces femmes intrigantes et à la recherche de mari dont parle Clarence.

"Vous pouvez vous rassurer sur ce point", avec un sourire plutôt moqueur.

« Eh bien, le temps est écoulé, mon cher garçon. Je suis désolé que vous partiez; prends soin de toi. Que Dieu te bénisse!" se tordant la main pendant qu'il parlait.

Pendant ce temps, Mme Pollitt et son frère avaient également eu quelques mots d'adieu.

"Maintenant, Clar," dit-elle d'une manière impressionnante, "j'ai fait une bonne chose pour toi. C'est une magnifique opportunité. Assurez-vous d'en tirer le meilleur parti ; si vous plaisez à « l'oncle », comme vous l'appelez, il vous aidera bientôt à faire quelque chose de mieux.

Clarence hocha la tête avec sagacité. Il était de très bonne humeur.

"Vous n'êtes pas vraiment limité dans le temps, vous savez", a-t-elle poursuivi dans un murmure.

"Je sais", et il y eut un regard significatif dans son œil droit, proche d'un clin d'œil.

"Et vous serez directeur et payeur."

"Guide, conseiller et ami, vous *pariez*."

« Et maintenant, mon cher enfant, *sois* prudent ; ne vous embrouillez plus avec les veuves de l'herbe ; ne vous lancez plus dans des paris ou des jeux de hasard, promets-le-moi.

« Je serai aussi stable que le vieux Time ou le jeune Mark lui-même, et je ne peux pas en dire plus. Eh bien, au revoir et merci beaucoup, Lina. Je dois dire que vous *restez* fidèle à votre propre peuple » – ajoutant avec un baiser précipité – « Je vois que nous partons.

Alors que la voiture passait lentement devant les Pollitt, qui se tenaient côte à côte, Clarence se rejeta en arrière avec un rire bruyant, en s'écriant :

« Je le déclare, l'oncle semble tout à fait déchiré... ha, ha, ha ! Sur mon âme, je crois que le vieux *pleure* !

CHAPITRE X.
SUGGESTION DU MAJEUR BYNG.

Le major Byng, un petit officier sec et sec, aux jambes remarquablement minces et au penchant sportif, était allongé sur une chaise longue, dans la véranda de l'hôtel Napier, à Poonah, fumant son « Trichy » après le petit-déjeuner et parcourant ses yeux. au-dessus du portefeuille « asiatique ».

« Bonjour, Byng, vieil homme ! » » s'écria une voix forte et joyeuse, et levant les yeux, son étonnement se reflétait dans le visage qu'il tourna vers Clarence Waring.

« Attention ! Pourquoi… j'ai pensé, » posant son livre et s'asseyant droit.

«Je pensais que j'étais rentré chez moi, épuisé et brisé. Mais me voilà, voyez-vous, de nouveau sur mes jambes.

"Ravi de l'entendre", avec un rapide coup d'œil à l'air aisé de Waring et à ses vêtements coûteux. « Asseyez-vous, mon cher garçon, cria-t-il cordialement, asseyez-vous et prenez un cigare, et parlez-moi de vous et de ce qui vous a ramené au pays des regrets ? Est-ce du thé, du café ou de l'or ?

« De l'or, dans un sens. Je suis la compagne d'un jeune millionnaire, ou plutôt le neveu d'un homme qui a tellement d'argent — et *pas* d'enfants — qu'il ne sait que faire.

« Et qui est ce jeune homme ? Est-ce *qu'il* sait quoi faire ?

« Son nom est Jervis ; son riche oncle est marié à ma sœur ; nous sommes des liens, voyez-vous, et lorsqu'il a exprimé le désir d'explorer le magnifique Orient, ma sœur *m'a naturellement proposé* pour le poste de guide, de philosophe et d'ami.

Ici, le major Byng eut un petit rire aigu, comme un aboiement.

« Nous avons atterri à Bombay il y a dix jours et allons faire le tour du monde. »

"Quel est le programme ?"

« *Mon* programme est le suivant : courses de Poonah, courses de Secunderabad, courses de Madras, un tir au gros gibier à Travancore, dépense sans objet, éléphants, batteurs, club-cook, coolies avec lettres et glace pour le champagne. Ensuite, je vais le promener un peu dans le train et lui montrer Delhi, Agra, Jeypore ; après cela nous mettrons fin au froid à Calcutta. J'ai beaucoup de copains là-bas et depuis Calcutta nous irons dans les collines, à

Shirani. Je serai heureux de revoir le vieux club : j'y ai passé bien des heures passagères !

« Ce même club avait une très mauvaise réputation en matière de jeux de hasard et de combats d'ours », a déclaré le major Byng d'un ton significatif.

«Je crois que c'était le cas, maintenant vous le mentionnez; mais soyez sûr qu'il s'est réformé, comme moi.

– Et ce jeune homme, comment est-il ?

« Calme, gentleman, facile à vivre, facilement satisfait, pense que tout le monde est une bonne personne », et Waring rit avec dérision ; « abhorre toute agitation ou spectacle, ne parie jamais, ne se lève jamais le matin avec la tête, pas de goûts coûteux. »

« En fait, ses goûts sont lamentablement en dessous de ses opportunités ! Quel dommage que le millionnaire ne soit pas *ton* oncle !

« Oui, au lieu de simplement beau-frère, et les beaux-frères sont notoirement insensibles. Cependant, j'ai adopté le mien comme mon propre lien de sang, pour le moment. *Je* dirige le spectacle. Viens dîner avec moi ce soir, raconte-moi tous les « gup » et donne-moi le pourboire de la bourse arabe.

"D'accord. Ce jeune Jervis est-il un sportif ?

« C'est un homme de première classe à cheval, et il joue au polo, mais il ne fait pas de courses, c'est encore plus dommage !

« Il joue au polo, n'est-ce pas ? Par jupiter!" et une lumière avide brillait dans les petits yeux verdâtres du major. «J'ai quelques poneys à vendre...»

« Il n'en veut pas maintenant, quoi qu'il fasse plus tard à Calcutta ou dans les collines. J'en chercherai trois ou quatre pour moi, de bons sains, remarquez, Byng, jusqu'au poids. J'ai pris de la chair, voyez-vous, mais j'ose dire que mes anxieuses responsabilités vont m'épuiser un peu. Jervis ne pèse pas plus de dix pierres, et, parlons du diable, le voici.

Le major Byng tourna rapidement la tête, alors qu'à ce moment le compagnon de voyage de Waring, un jeune homme mince et à l'air actif, entrait dans l'enceinte, poursuivi de près par une nuée de colporteurs et leur cortège de coolies, portant sur leur tête l'inévitable Poonah. figures, paravents, poterie, scarabées, soieries, argent et bijoux.

« Je dis, Waring », cria-t-il en s'approchant, « regarde-moi ! On croirait que j'étais une reine des abeilles. Si cela continue, vous devrez m'envoyer dans un asile d'aliénés, s'il existe un tel endroit ici.

"Mark, laissez-moi vous présenter mon vieil ami, le major Byng."

Le major Byng se pencha en avant sur sa chaise – se lever était un trop grand effort, même pour saluer un éventuel acheteur de poneys de polo – sourit affablement et dit :

« Vous venez tout juste de sortir, je comprends. Comment aimez-vous l'Inde ?

"Jusqu'à présent, je déteste ça", s'asseyant pendant qu'il parlait, enlevant son topi et en s'essuyant le front. « Depuis mon arrivée, je vis dans un état de tourment. »

"Ah, les moustiques !" s'écria le major Byng avec sympathie ; « tu t'y habitueras. Ils apportent toujours des nouveaux arrivants et du sang frais.

"Non non; mais des moustiques humains ! Des rabatteurs, des colporteurs, des mendiants, des bijoutiers, des marchands de chevaux. Ils se sont tous attaqués à moi dès mon arrivée. Depuis, ma vie est un fardeau pour moi. C'était plutôt mauvais à bord du navire. Certains de nos compagnons de voyage semblaient penser que j'étais une grande célébrité, au lieu d'un passager ordinaire ou ordinaire ; ils m'ont comblé de discours civils, et le jour où nous sommes arrivés à Bombay, j'ai failli être enterré vivant sous les invitations, les gens étaient *vraiment* désolés de se séparer de moi !

"Voici un gentil jeune cynique pour vous!" s'écria le capitaine Waring avec complaisance. – Il n'est pas encore habitué à la lumière crue qui éclaire un beau jeune garçon, *héritier* de trente mille rentes…

"Pourquoi ne pas en faire cent mille d'un coup, pendant que vous y êtes ?" interrompit l'autre avec impatience. « Comment pouvaient-ils savoir que j'étais *l'héritier* de quelqu'un ? Je suis sûr que je suis une personne d'apparence très ordinaire. Les revenus de mon oncle ne sont pas imputés sur mon dos ! »

"C'était dans un sens", s'est exclamé Waring avec un petit rire.

"C'est seulement auprès de la classe ordinaire et vulgaire que j'étais si immensément populaire."

« Mon cher, vous êtes beaucoup trop humble d'esprit. Vous étiez populaire auprès de tout le monde.

« Non, en aucun cas ; J'aurais pu serrer dans mes bras la vieille dame hautaine qui me demandait d'un ton traînant si j'avais un quelconque lien de parenté avec la nourriture brevetée pour volaille de Pollitt ? J'ai été ravi de répondre avec effusion : « Neveu, madame ». *Elle* me méprisait du plus profond de son âme et ne faisait aucun effort insensé pour cacher ses sentiments.

« Ah ! Elle n'avait pas *de filles* », répondit Waring avec un rire méprisant. « Le voiturier a tout dit sur vous. Il n'avait rien d'autre à faire sur terre que de magnifier son maître et par conséquent de s'exalter. Votre valeur se reflète dans le gentleman de votre gentleman, et il n'a eu aucune fausse modestie et vous a évalué à un million ! A propos, je l'ai vu tout à l'heure partir dans le meilleur hôtel Landau, les pieds sur les coussins d'en face et une cigarette à la bouche. C'est une magnifique publicité.

Ils étaient maintenant au centre d'une vaste foule de vendeurs ambulants, qui formaient un cercle accroupi, et la véranda était bien approvisionnée. Les bijoutiers avaient déjà détaché leurs jolies petites boîtes en fer blanc de leurs emballages en calicot blanc, et leur contenu était exposé sur les habituels carrés alléchants du saloo rouge.

« Sahib en garde ! » cria un ancien vendeur borgne. "La dernière fois, il y a trois quatre ans, je vous vois à l'hôtel Charleville, Mussouri, je vends à Votre Honneur un très joli bracelet en diamant pour une jolie dame———"

« Eh bien, Crackett, je ne suis plus si idiot maintenant. Je veux une belle épingle à perles pour moi. Il en choisit délibérément un dans une caisse, puis ajouta avec un sourire : « Cette fois, *je* paie pour dame ; *cette* fois, monsieur," désignant Jervis, "payant pour *moi* ."

"Je ne peux pas le supporter", s'écria Jervis en se levant d'un bond. « Voici l'homme à l'Arabe alezan et à l'épi tacheté aux pattes roses, qui me persécute depuis deux jours ; et voici le garçon avec le paon en peluche qui m'a traqué toute la matinée ; et... je vois la jeune fille au gilet du tonnerre et des éclairs. Je sais qu'elle va me demander de monter avec elle. » Il attrapa son topi et s'enfuit.

Le major Byng remarqua Jervis à la *table d'hôte* ce soir-là. Il avait été astucieusement « coupé » de Waring et était la proie de deux jeunes femmes trop habillées et bruyantes. Mme Pollitt se trompait : des gens de second ordre *venaient effectivement* en Inde.

"Je vais te dire, Waring!" dit-il à ce monsieur, qui était dans son humeur la plus joviale et la plus cordiale, « ce jeune homme est honteusement assailli. Son valet de chambre l'a trahi. Si vous ne faites pas attention, il glissera ses cordes de talon et rentrera chez lui. Observez son expression, je vous en prie ! Il suffit de regarder ces deux femmes, notamment celle qui mesure son tour de taille avec sa *serviette*, pour information. Il reviendra par le prochain bateau à vapeur ; c'est écrit sur son front !

"Non, il ne fera pas ça", répondit Clarence, avec une confiance paresseuse. « Il a une raison bien particulière de rester ici pendant un certain temps ; mais je vous accorde qu'il ne s'amuse pas et ne semble pas apprécier de voir le monde — et ce n'est pas un mauvais vieux monde si vous savez comment le prendre. Maintenant, si *j'étais* à sa place, » jetant un coup d'œil expressif par-dessus la table, « je tromperais cette jeune femme jusqu'au bout ! »

Dans la salle de billard, lorsque Mark les rejoignit, le major Byng dit :

« J'ai vu votre triste sort au dîner et j'ai eu pitié de vous. Si vous voulez mener une vie tranquille et que vous suivez le conseil d'un vieux soldat, je vous dirais de vous débarrasser du valet de chambre et de le renvoyer chez vous avec la moitié de vos bagages. Alors partez d'un endroit nouveau, où personne ne vous connaît, avec un bon porteur musulman, qui est complètement étranger à vos affaires. Laissez Clarence ici être le payeur - *il* parle la langue et a l'air riche et important - cela ne le dérangera pas de supporter le poids, ou d'être pris pour un homme riche si les problèmes éclatent à nouveau, et vous pourrez vivre en paix et gangster votre c'est une démarche.

Les conseils du major furent ensuite suivis, avec d'excellents résultats. Pendant ce temps, les cousins assistaient aux courses de Poonah, où Clarence rencontrait de vieilles connaissances.

L'un d'eux fit remarquer en privé au major Byng :

« Waring semble avoir neuf vies, comme un chat, et semble très festif et prospère. Je l'ai vu tout à l'heure faire une affaire de capitaux avec les « Bookies » — et il est un bon client de la Para Mutuelle. C'est un peu surprenant de *le voir* dans le rôle d'un mentor. J'espère seulement qu'il ne se retrouvera pas dans *de nombreux* ennuis !

« Oh, Télémaque a la tête bien serrée, et il s'occupera de Waring — l'élève s'occupera du professeur. C'est un très bon gars, ce garçon. Je me demande si ses gens savent à quel âge Clarence courait, jouait aux loteries et jouait généralement au diable quand il était ici ?

"Pas eux!" énergiquement.

« Il me doit cent roupies ces trois dernières années, mais il est un tel Bahadur formidable maintenant que j'ai honte de lui rappeler une somme aussi insignifiante. J'espère sincèrement qu'il a tourné une nouvelle page et qu'il est un personnage réformé. Qu'en dis-tu, Crompton ?

«Je dis 'Amen' de tout mon cœur», fut la réponse rapide.

Mark Jervis s'était rendu directement chez les agents Bostock & Bell's le jour de son atterrissage à Bombay et avait demandé l'adresse de son père. Il ne l'obtint que difficilement et avec un retard considérable. Le chef de l'entreprise, lors d'un entretien privé, le supplia instamment de garder le secret, sinon ils auraient des ennuis, car le major Jervis était un homme *particulier* et très mystérieux au sujet de ses affaires, qui étaient désormais entièrement gérées par un certain M. Cardozo. . Le major Jervis n'avait pas correspondu personnellement avec eux depuis des années. Il a ensuite griffonné quelque chose sur une carte qu'il a remise au nouvel arrivant, qui a lu avec impatience : « M. Jones, Hawal-Ghât, via Shirani, NWP » Le fils du major envoya une lettre avec cette suscription par le courrier suivant.

CHAPITRE XI.
UNE DAME RÉSERVÉE.

Une chaude nuit sans lune vers la fin du mois de mars et le courrier de Bombay à Calcutta est au point mort. L'éclat du fourneau et des lampes des wagons éclaire les poteaux télégraphiques fantomatiques, la haie de cactus poussiéreuse et illumine une petite partie de la jungle environnante. Les yeux anxieux ne voient aucun signe de gare, ni même de cabane de signaleur, dans l'éblouissement immédiat - et au-delà se profile une étendue rocheuse et aride, principalement engloutie dans une obscurité impénétrable.

Il y a un bruit de voix d'hommes, aiguës et émouvantes, qui n'émanent pas des gorges européennes, une course de plusieurs pieds, et par-dessus tout on entend le reniflement de la machine et les cris lugubres du sifflet à vapeur.

"Qu'est-ce que tout cela veut dire?" » demanda un triple argenté, et une tête duveteuse sortait d'un compartiment pour dames de première classe.

"Il n'y a pas de quoi s'alarmer", répondit une voix de ténor agréable depuis le chemin permanent. "Il y a eu une collision entre deux trains de marchandises environ un kilomètre plus loin et la ligne est bloquée."

"Quelqu'un a été tué ?" » dit-elle d'une voix traînante.

"Seulement quelques nègres", répondit la voix agréable, sur un ton enjoué.

"Cher moi!" s'écria la dame avec une animation soudaine ; "Eh bien, capitaine Waring, ce ne peut sûrement pas être vous !"

« Je vous prie, pourquoi pas ? je grimpe maintenant sur le marchepied. "Et est-ce que je vois Mme Bellett?" alors que la tête et les épaules d'un bel homme apparurent à la fenêtre et regardèrent dans la voiture, qui contenait une montagne de bagages, deux dames, un singe et un petit perroquet vert.

"D'où es-tu tombé?" elle a demandé. «Je pensais que tu avais quitté l'Inde pour toujours. Qu'est-ce qui vous a ramené ?

« Le souvenir de jours plus heureux, répondit-il d'un air sentimental, et un bateau à vapeur P. et O. »

« Mais vous avez sûrement quitté le service ? »

« Oui, il y a trois ans ; c'était trop compliqué à la maison. Autrefois, j'étais en service en Inde, maintenant je suis ici pour le plaisir. Pas la peine de prolonger mon congé, pas de crainte des chapeaux en laiton.

« En attendant, avons-nous peur d'être heurtés par un autre train ? » demanda nerveusement la deuxième dame, une dame assise de l'autre côté du compartiment, la tête enveloppée dans un châle rose.

« Pas le plus petit ; nous sommes parfaitement en sécurité.

"Capitaine Waring, voici ma sœur, Mme Coote", a expliqué Mme Bellett. « Et maintenant, peut-être pourriez-vous nous dire où nous sommes et que allons-nous devenir ?

« Quant à l'endroit où vous vous trouvez, vous êtes à environ trois milles d'Okara Junction ; quant à ce qui vous arrivera, je crains que vous n'ayez à vous y rendre sous mon escorte, si cet honneur me peut être accordé.

"Marchez trois miles!" répéta-t-elle d'une voix stridente. «Eh bien, je n'ai pas fait une telle chose depuis des années et je porte des chaussures fines. Ne pourrions-nous pas démarrer le moteur ?

« Oui, si le moteur pouvait survoler près d'une centaine de wagons à bagages. C'est une belle nuit étoilée ; nous aurons une lampe et pourrons continuer le long de la ligne. Ils ont envoyé une équipe de dépannage et nous prendrons un autre train à Okara. Nous n'aurons qu'une heure ou deux à attendre.

"Eh bien, je suppose que nous devons en tirer le meilleur parti!" » dit Mme Coote, « comme les autres », tandis que de nombreux indigènes passaient en masse, bavardant avec volubilité et portant leur literie et leurs paquets.

«J'aimerais que nous puissions dîner à Okara», dit sa sœur. « Je suis sûr que nous en aurons besoin après notre vagabondage ; mais je sais que nous n'avons pas besoin de bâtir sur quelque chose de mieux qu'une côtelette de chèvre et le curry d'avant-hier. Cependant, j'ai un panier de thé.

"Je peux faire mieux", a déclaré le capitaine Waring. "J'ai un panier tiffin bien garni de glace, de champagne, de langue froide, de tétras-lyre, de gâteau, de fruits..."

"Vous me rendez vraiment vorace", s'écria Mme Bellett. "Mais comment vas-tu apporter toutes ces délices à Okara ?"

« Par un coolie, j'espère. Au pire, je les porterai sur ma tête plutôt que de les laisser derrière moi. Cependant, les roupies font des merveilles, et j'espère que j'en obtiendrai tous ceux qui porteront le panier, ainsi que vos bagages ; Je suppose que cinquante suffiront ? et avec un sourire, il descendit hors de vue.

"Quelle chance, Nettie!" s'exclama Mme Bellett. « Il était un de mes amis à Mussouri, et imaginez le croiser de cette façon ! Il semble rouler dans l'argent ; il a dû chercher une fortune, car il était terriblement misérable. Je suis tellement heureux de le rencontrer.

- Oui, tout va bien pour *vous* qui êtes habillé, répondit l'autre d'une voix maussade ; mais regardez-moi, vêtue d'une vieille veste de thé et les cheveux attachés à des épingles à friser !

« Oh, tu allais bien ! Je suis certain qu'il ne t'a jamais remarqué ! fut la réponse fraternelle. « Faisons vite et rangeons nos affaires. J'aurais aimé que l'ayah soit là », et elle a commencé à s'affairer, à attacher des enveloppes et des oreillers, et à collecter des livres et des éventails.

Tout le monde dans le train semblait être en état d'activité, se préparant au départ, et bientôt de nombreux groupes à pied, munis de lanternes, pouvaient être vus affluer le long de la ligne. Le capitaine Waring revint aussitôt avec une douzaine de coolies, et bientôt la voiture de Mme Bellett fut vide. Elle et sa sœur étaient assistées du capitaine Waring et d'un jeune homme, vraisemblablement son compagnon. Avant de descendre, Mme Bellett, qui avait un joli pied, s'arrêta sur la marche pour montrer la minceur de ses chaussures, et demanda, tout en ôtant sa semelle Louis-Quatorze, « comment elle allait marcher trois milles dans *ce* long chemin. une route difficile ?

Les deux dames étaient néanmoins de très bonne humeur et parurent apprécier la nouveauté de l'aventure. Avant que le quatuor ait parcouru vingt mètres, le garde arriva en criant après eux :

« Je vous demande pardon, monsieur, » au capitaine Waring, « mais il y a une dame toute seule à ma charge. Je ne peux pas l'affronter ; Je dois rester et m'occuper des bagages, et rester ici. Et veux-tu t'occuper d'elle ?

"Où est-elle?" » demanda Waring avec irritation.

« Avant-dernière voiture… dames réservées, première classe.

« Je dis, Mark, » se tournant vers son ami, « si c'est une femme réservée, tout va bien. Il est terriblement timide, ce jeune homme, expliqua-t-il à ses autres compagnons en riant bruyamment. « Cela ne me dérange pas de parier qu'elle est vieille – et vous savez que vous aimez les vieilles femmes – alors revenez en courant comme un bon gars. Vous voyez, j'ai Mme Bellett et sa sœur. Vous ne serez pas cinq minutes derrière nous, amenez la dame réservée aussi vite que possible.

L'autre ne répondit pas audiblement, mais se retourna docilement et longea lentement les rangées de wagons vides jusqu'à ce qu'il atteigne presque l'extrémité du train. Ici, il découvrit une silhouette blanche solitaire se tenant au-dessus de lui dans la porte ouverte d'un compartiment, et une voix de jeune fille criant dans l'obscurité :

« Est-ce vous, garde ? »

« Non », fut la réponse ; "mais le garde m'a envoyé pour vous demander si je peux vous aider de quelque manière que ce soit."

Une pause momentanée, puis vint un « Merci » plutôt douteux.

« Votre lampe s'est éteinte, je vois, mais je peux facilement allumer une allumette et rassembler vos affaires. Il y a un pâté de maisons sur la ligne et vous devrez descendre et marcher jusqu'à la station suivante.

"Vraiment? Y a-t-il eu un accident ? Je n'arrivais pas à comprendre ce que disaient les gens.

« Cela n'a pas beaucoup d'importance : deux trains de marchandises se disputent le bon chemin ; mais nous devrons marcher jusqu'à Okara pour récupérer le courrier de Cawnpore.

"Est-ce loin?"

"Environ trois miles, je crois."

« Oh, ce n'est pas grand-chose ! Je n'ai pas beaucoup de choses : seulement une trousse de toilette, un tapis et un parasol.

"D'accord; si vous les transmettez, je les porterai.

« Mais il y a sûrement un porteur, » protesta la dame, « et je n'ai pas besoin de vous déranger. »

« Je ne pense pas qu'il y ait ce qu'on *appelle* un porteur plus près de Brindisi, et tous les coolies sortent les bagages. Permettez-moi de vous aider.

Une seconde plus tard, la jeune femme, à la fois légère et active, se tenait à ses côtés sur la ligne. Elle était anglaise ; elle était grande ; et elle portait un topi de fabrication campagnarde de forme hideuse — c'était tout ce qu'il pouvait distinguer dans la pénombre.

"Maintenant, on commence ?" » demanda-t-il vivement en prenant son sac, son tapis et son parasol.

"S'il vous plaît, laissez-moi prendre le sac", supplia-t-elle. « Je… je… c'est-à-dire que je préférerais le garder moi-même. Tout mon argent est dedans.

"Et je suis peut-être un bandit pour ce que vous savez", répondit-il en riant. "Je vous donne ma parole d'honneur que, si vous me permettez de le porter, je ne vous volerai pas."

«Je ne voulais pas dire ça», balbutia-t-elle.

« Alors qu'est-ce que tu voulais dire ? En tout cas, *je* compte le garder. Les autres passagers sont devant. Je suppose que vous êtes tout à fait seul ?

"Presque. Il y a un domestique dans le train qui est censé s'occuper de moi, mais je le surveille et je veille à ce qu'il ne soit pas laissé en arrière aux différents carrefours. Nous ne pouvons pas comprendre un mot que nous échangeons, alors il sourit et gesticule, et j'acquiesce et montre du doigt ; mais tout cela ne sert à rien, ou pire que rien. Je voulais du thé ce matin et il m'a apporté du whisky et du soda.

"Et n'avez-vous personne sur qui compter à part cet intelligent serviteur ?"

"Non. Les gens avec qui je suis sorti se sont changés à Khandala et m'ont laissé la charge de la garde et dans une voiture directe pour Allahabad ; et bien sûr, nous ne nous attendions pas à cela.

« Alors tu viens de rentrer de chez toi ? » observa-t-il tandis qu'ils marchaient d'un bon pas.

"Oui; Je suis arrivé hier matin à l'*Arcadia* .

"Alors c'est la première fois que vous mettez le pied sur le sol indien, car les trains et les gharries ne comptent pas ?"

"C'est. Y a-t-il (regardant nerveusement l'étendue sauvage de chaque côté) des tigres dans les parages, à votre avis ?

« Non, je l'espère sincèrement, car je n'ai d'autre arme que votre parasol. Blague à part, vous êtes parfaitement en sécurité. Ce n'est pas leur style de terrain de chasse, dit-il en agitant le parasol mentionné ci-dessus.

« Et quel est leur style, comme vous l'appelez ?

"Oh, beaucoup d'herbes hautes et de jungle, dans une région de bétail."

« Avez-vous abattu beaucoup de tigres ?

«Deux le mois dernier. Mon ami et moi avons fait du bon sport à Travancore.

"Je suppose que tu vis ici ?"

"Non, je ne suis dans le pays que depuis environ six mois."

«J'aurais aimé *rester* six mois en Inde.»

"Puis-je demander pourquoi?"

« Certainement, vous le pouvez. Parce que je rentrerais chez moi dans six mois.

« Et tu as atterri il y a seulement quarante-huit heures ! Vous n'en êtes sûrement pas déjà fatigué. Je pensais que toutes les jeunes femmes aimaient l'Inde. Attention à où vous allez ! Il fait très sombre ici. Veux-tu me saisir le bras ?

"Non, merci", plutôt raide.

« Alors ma main ? Vous feriez vraiment mieux, sinon vous tomberez dans un état des plus affreux et trébucherez sur les traverses.

« Voilà une aventure extraordinaire ! » se dit Honor. « Que diraient Jessie et Fairy si elles pouvaient me voir maintenant, marchant dans l'obscurité à travers un pays sauvage et désolé, main dans la main avec un jeune homme absolument étrange, dont je n'ai même jamais vu le visage ?

Un peu plus loin se trouvaient des groupes d'indigènes bavardant — des femmes vêtues de robes rouges et de lotahs en cuivre, qui attisent la lumière de leurs lanternes à main (une lanterne est pour un indigène ce qu'un parapluie est pour un Britannique) ; des hommes enturbannés, aux longues jambes, qui portaient des fagots, des lampes et des bâtons. La ligne était bordée de chaque côté par d'épaisses haies de cactus grisâtres ; çà et là brillait une fleur blanche ; çà et là, un ancien buisson montrait des racines nues et déformées, comme les côtes de quelque animal défunt. Au-delà s'étendait un paysage sombre et mystérieux, qui paraissait étrange et fantomatique à la lumière de quelques étoiles pâles. La nuit était calme et d'une chaleur oppressante.

« Vous serez accueillis à Allahabad, je suppose ? observa l'escorte inconnue d'Honor, après un silence considérable.

"Oui, par ma tante."

« Vous devez avoir hâte de la revoir ?

" *Encore!* Je ne l'ai encore jamais vue. Elle fit une pause, puis continua : « Nous sommes trois filles à la maison, et ma tante et mon oncle souhaitaient recevoir l'une de nous en visite, et *je* suis venue.

"Pas très volontiers, semble-t-il", avec un bref rire.

"Non; J'ai tenu le plus longtemps possible. Je suis, ou plutôt j'étais, celui qui est utile à la maison.

"Et votre tante et votre oncle ont-ils stipulé pour la nièce la plus utile ?"

"En aucun cas... ils... eux, à vrai dire, ils ont demandé la *jolie* , et je ne suis pas la beauté de la famille."

"Non? Dois-je vous croire sur parole, ou est-ce que vous pêchez simplement ?

«Je vous assure que non. J'ai peur que ma tante soit déçue ; mais c'était inévitable. Ma sœur aînée écrit et ne pouvait pas renoncer à ce qu'elle appelle sa clientèle littéraire. Ma prochaine sœur n'est pas forte, alors ils m'ont envoyé un *dernier ressort* .

Elle parlait très franchement à cet inconnu et avait un peu honte de sa bavarderie ; mais il avait une voix agréable, c'était la première âme amicale qu'elle rencontrait depuis qu'elle avait quitté la maison, et elle avait désespérément le mal du pays. Un long voyage solitaire en chemin de fer n'avait fait qu'augmenter ses plaintes, et elle était prête à parler de chez elle à *n'importe qui* — elle en aurait probablement parlé aux chuprassi — s'il avait pu la comprendre !

Son escorte était une petite femme égoïste et sans scrupules, dont la nourrice, s'étant révélée être un mauvais marin, confiait littéralement à son protégé, de bonne humeur et inexpérimenté, la garde de deux enfants indisciplinés, et cela d'une manière qui suscitait une indignation considérable parmi ses compagnons de voyage. .

« Pourquoi devriez-vous vous appeler un *dernier ressort* ? » demanda sa compagne après une pause pendant laquelle ils continuèrent à trébucher, elle se tenant timidement par le bras du jeune homme.

"Parce que je suis; et je leur ai dit à la maison, dans mon tout dernier souffle, que je n'étais pas du tout fait pour venir ici, me mêler à des étrangers – rien que des étrangers – et entrer perpétuellement dans ce qu'on appelle une société « intelligente » et commencer une sorte de société parfaitement nouvelle. de la vie. Je vais avoir des ennuis sans fin.

« Puis-je vous demander la raison de cette sombre prophétie ? »

« Vous pouvez sûrement deviner ! Parce que je ne peux pas tenir ma langue. Je laisse échapper la première chose qui me passe par la tête. Si je pense qu'une chose est fausse ou étrange, je dois le dire ; Je n'y peux rien, je suis incurable. Les gens à la maison sont habitués à moi et cela ne les dérange pas. En outre, j'ai l'habitude effrayante et totalement inconsciente de sélectionner les sujets les plus inconfortables, et une mémoire extrêmement mauvaise des noms et des visages des personnes avec lesquelles je ne connais que peu de choses ; alors vous voyez que je ne risque pas de réussir socialement !

« Espérons que vous ayez une vision sombre de vous-même. Par exemple, quelle est votre idée d'un sujet inconfortable ? »

« Si je parle à une personne qui a un œil moulé, je suis absolument certain de me surprendre bientôt à converser avec volubilité sur les strabismes ; ou, si mon partenaire porte une perruque, je suis obligé d'apporter des perruques sur le tapis. Je crois que je suis possédé par un lutin espiègle, qui apprécie ma torture ultérieure.

« Je vous en prie, comment savez-vous que *je* n'ai ni louche, ni perruque, ni les deux ? Une perruque ne serait pas une mauvaise chose dans ce climat chaud ; s'enlever les cheveux comme on fait son chapeau serait souvent un grand soulagement ! Ah, nous voici enfin arrivés sur les lieux de la collision. » Et bientôt ils passèrent devant une longue rangée de wagons, puis deux énormes locomotives, l'une traversant la ligne, l'autre se cabrant contre elle ; un immense feu de joie brûlait sur la berge et dessinait fortement les grands monstres noirs. Plus loin, ils arrivèrent à une porte et à un passage à niveau. La porte de la cabane du gardien était grande ouverte, et sur le seuil, une vieille femme aux cheveux gris était assise, la tête entre les genoux, en sanglotant ; à l'intérieur se trouvaient des gémissements, comme arrachés à un malade en proie à une angoisse aiguë. Le compagnon inconnu d'Honor s'arrêta brusquement et s'exclama impulsivement :

« Je crains que quelqu'un n'ait été grièvement blessé ; si cela ne vous dérange pas, je vais juste aller voir.

Presque avant qu'elle n'ait hoché la tête rapidement, il avait sauté par-dessus la porte et l'avait quittée.

CHAPITRE XII.
DEUX BONS SAMARITAINS.

De toute sa vie, la plus jeune Miss Gordon ne s'était jamais sentie aussi complètement seule ou abandonnée qu'aujourd'hui, lorsqu'elle se tenait seule sur la ligne du Great Indian Peninsular Railway. Devant elle, le groupe des indigènes, avec leurs lanternes scintillantes, s'éloignait peu à peu ; derrière elle se trouvait une longue procession immobile de camions et de chariots, qui ressemblaient à un effroyable monstre noir attendant sa proie ; de chaque côté s'étendait le paysage grisâtre et mystérieux, inconnu, d'où d'étranges sons inconnus, sous forme de coassements et de cris, se faisaient entendre. Oh! quand son compagnon anonyme reviendrait-il ? Elle jeta un coup d'œil anxieux vers la cabane, elle se trouvait au-delà de la porte et en bas d'une berge escarpée, à l'écart de la route ; des silhouettes animées semblaient aller et venir devant la porte ouverte et éclairée. Ah ! voici qu'arrivait l'une d'elles, son escorte, qui en réalité n'était absente que depuis cinq minutes, et non, comme elle l'imaginait, depuis une demi-heure.

"C'est un chauffeur qui a été coupé à la tête et gravement échaudé", explique-t-il, essoufflé. « Ils attendent un apothicaire d'Okara et, pendant ce temps, ils essaient une herbe indigène et un porte-bonheur. Ils ne semblent pas faire grand bien au pauvre type. Je pense que je pourrais faire quelque chose de mieux pour lui, même si je n'ai aucune expérience, à part voir des accidents au football et à la chasse ; mais je ne peux pas te laisser ici comme ça, et pourtant je ne peux pas vraiment te demander à l'intérieur de la cabane, la chaleur est comme une fournaise - et - tout à fait - ce - ce serait trop pour toi, mais si cela ne te dérange pas d'attendre dehors juste pendant quelques minutes, je te trouverais quelque chose sur lequel t'asseoir.

« Merci, mais je préférerais y aller – j'ai suivi un cours d'ambulance – en « premiers secours », vous savez, et peut-être que je serai peut-être d'une certaine utilité ; il y a du sparadrap, de l'eau de Cologne et une paire de ciseaux dans mon sac.

« Eh bien, faites attention ; vous devez vous ressaisir, répondit-il en poussant la porte et en la conduisant sur la pente sablonneuse en ruine.

La chaleur dans la cabane était presque suffocante ; Lorsque la jeune fille, suivant son guide, entra, tous les regards furent instantanément fixés sur elle avec une grande surprise.

A la lueur d'une petite lampe de terre qui fumait horriblement, elle distinguait la figure d'un homme accroupi sur le bord d'un charpoy ; il respirait à grands coups rauques et saignait d'une grande entaille au-dessus de son œil.

Un Eurasien, vêtu d'un costume de coton à carreaux, se tenait là, parlant sans cesse, mais ne faisant rien d'autre. Il y avait aussi, outre la vieille femme – une véritable sorcière ratatinée – deux hommes indigènes, peut-être les « bhai-bands », ou amis de la malade ; dans un coin, un grand paria noir était assis et regardait tout, avec ses yeux jaunes qui ne clignaient pas ; et sur un autre charpoy gisait une silhouette immobile, recouverte d'un drap. Quelques chatties en terre, une natte, un huka et quelques estampes anglaises criardes, pour la plupart clouées à l'envers, complétaient le tableau. Jusqu'alors, les compagnons de voyage n'étaient pour l'autre que l'incarnation d'une figure et d'une voix indéfinies ; la lumière de la petite lampe de boue, dont la fumée ondulante dessinait sur les murs des silhouettes de diables noirs dansants, les présentait maintenant pour la première fois face à face. Pour honorer Gordon, se tenait debout, révélant un jeune homme d'une beauté inattendue, mince et bien bâti, avec des traits sévèrement coupés et une paire de beaux yeux noisette qui l'examinaient gravement. Un gentleman, non seulement dans ses paroles et ses actions, mais dans son attitude.

Lui, de son côté, n'était pas du tout surpris de voir une jeune fille pâle mais décidément jolie ; par un instinct mystérieux, il avait depuis longtemps décidé que le propriétaire d'une main si délicate et d'une voix si douce et claire ne pouvait être autrement que beau à voir.

« L'apothicaire ne peut pas rester ici pendant une heure ! s'exclama l'Eurasien avec désinvolture. « Lui », désignant le patient, « va très mal. Nous avons mis des herbes sur son bras et sur l'arrière de sa tête ; mais moi, je pense qu'il va *mourir* ! » conclut-il d'un air mélancolique et important.

Une sorte de bandage fut la première chose qu'Honor demanda, et demanda en vain ; elle a ensuite rapidement déroulé le puggaree de son topi et l'a déchiré en trois parties.

Puis elle baigna et banda la tête de l'homme, avec des doigts rapides et sympathiques, tandis que Jervis tenait la lampe, proposait des suggestions et regardait, non moins impressionné qu'étonné ; jusqu'ici, il avait eu l'idée que les filles criaient toujours et reculaient devant le sang et les horreurs.

Cette fille, bien qu'indéniablement blanche, était aussi calme et maître d'elle-même, aussi ferme, mais douce, que n'importe quelle infirmière professionnelle compétente.

Le bras et la main échaudés – un spectacle choquant – furent tous deux soignés. L'essentiel était d'exclure l'air et de procurer au malade un soulagement au moins temporaire. Avec un peu de farine indigène, on appliquait adroitement un pansement, on plaçait le bras en écharpe et on baignait la tête du malade avec de l'eau et de l'eau de Cologne. Attisé assidûment par l'éventail de la jeune fille, il commença à se sentir rétabli, on lui avait redonné du cœur, on lui avait assuré que ses blessures n'étaient pas mortelles, et bientôt il se déclara langoureusement meilleur.

Les indigènes qui se tenaient autour, pendant que le sahib et Miss Sahib s'occupaient si rapidement et efficacement de leur ami, changeaient maintenant leurs lamentations en de fortes éjaculations d'émerveillement et de louange. Miss Gordon fut étonnée d'entendre son compagnon donner des instructions à ces spectateurs dans un hindoustani fluide et sonore, et plus étonnée encore lorsque, alors qu'elle prenait son topi, en prévision du départ, l'Eurasienne se tourna vers lui et lui dit dans un cri impressionnant :

« Monsieur, votre femme est une sainte, un ange de bonté » – et puis, après coup, il a ajouté : « et de la beauté ! »

Avant que Jervis ait pu reprendre ses esprits et parler, elle avait répondu :

« Je ne suis pas la femme de ce gentleman ; nous ne sommes que des compagnons de voyage. Pourquoi devrais-tu penser cela ? » demanda-t-elle sèchement.

« Parce que… oh, *s'il te plaît*, ne sois pas en colère – tu avais l'air si convenable », répondit-il avec une franchise désarmante. "En vérité, j'espère que vous serez peut-être *déjà mariés* et je vous souhaite à tous deux richesses, longue vie et grand bonheur", ajouta-t-il en s'inclinant très bas, la lampe à la main.

Honor sortit de la cabane, la tête extraordinairement haute, gravit la berge et longea la file à toute allure dans un silence indigné.

Elle maintenait désormais une distance considérable entre elle et son escorte ; sans doute ses yeux s'habituaient à la pénombre, et en tout cas il y avait quelque chose dans son air qui l'empêchait de lui tendre un bras ou une main. Malgré la scène récente dans laquelle ils avaient tous deux été acteurs, où il avait coupé les cheveux et coupé le plâtre, et où elle avait appliqué des bandages et de maigres remèdes au même « cas », ils n'étaient pas rapprochés ; au contraire, ils étaient beaucoup plus éloignés que lors de la première partie de leur promenade, et les confidences de la jeune dame avaient alors complètement cessé. Elle se limitait exclusivement à quelques simples remarques sur le patient et sur le climat, remarques émises à intervalles de dix minutes, et ses réponses à ses observations se limitaient à « Oui » et à « Non ». Enfin la station d'Okara fut atteinte ; et, à vrai dire, ni l'un ni l'autre n'étaient fâchés de mettre un terme à leur *tête-à-tête* . Les lumières éblouissantes de la plate-forme faisaient cligner leurs yeux, alors qu'ils se dirigeaient vers la buvette générale, la découvrant assez facilement au son de nombreuses et joyeuses voix, qui profitaient évidemment de ses ressources quelque peu limitées.

Ce n'était pas un très grand appartement, mais il était plein. La table était recouverte d'une fine nappe indigène, deux grandes lampes à dessus punkah, et deux supports à burettes et un pichet à glace américain étaient placés à intervalles réguliers au milieu. Il était entouré de gens qui mangeaient, buvaient et parlaient. À l'autre extrémité était assis le capitaine Waring, soutenu de chaque côté par ses deux belles compagnes, trois hommes – jeunes et bruyants, qu'ils connaissaient évidemment – et une femme âgée et guindée, qui avait l'air inexprimablement choquée par la compagnie et qui s'était ostensiblement clôturée. de Mme Bellett avec une théière et une carte des vins. Les amis du capitaine Waring n'avaient pas pris de thé (comme en témoigne la bouteille de champagne). La langue, le gâteau et les fruits avaient évidemment aussi reçu des marques distinguées de leur estime. Mme Bellett leva ses longues lunettes et examina minutieusement les deux hommes qui entraient maintenant.

« Bonjour, Marc ! Quel âge as-tu ! s'exclama son cousin. "Nous pouvons faire de la place dans ce coin, viens, vieil homme."

Mark et son compagnon se retrouvèrent postés aux deux coins du bout de la table et étaient pour le moment sous le feu de tous les regards.

En quelques secondes, dès que les nouveaux venus furent soignés et remis les restes, la compagnie reprit sa conversation interrompue avec une animation redoublée. Ils semblaient tous se connaître intimement. Le capitaine Waring était visiblement tombé parmi de vieux amis. Ils discutaient de gens et de lieux – auxquels les autres étaient étrangers – et Mme Bellett était particulièrement animée et riait sans cesse – principalement de ses propres remarques.

« Et donc Lalla Paske va chez sa tante Ida ? Je pensais qu'Ida Langrishe *détestait* les filles. Je me demande si elle sera capable de gérer sa nièce et quel genre de chaperon elle fera ?

« Une magnifique, devrais-je dire », répondit un homme en costume comme une porte à cinq barreaux, « sur le principe de mettre un voleur pour attraper un voleur. »

« Et la vieille mère Brande, à Shirani, attend aussi une nièce. Quel plaisir ce sera ! Quelle rivalité entre elle et Ida ! Quelle chasse au mari, quelles intrigues et quelles rencontres ! Ce sera aussi bon qu'une pièce d'Oscar Wilde. Je suis plutôt désolé de ne pas être là pour voir. Je demanderai aux gens de m'écrire, à vous par exemple, capitaine Waring, » et elle lui fit gracieusement un signe de tête.

Mark remarqua que sa compagne, qui avait bu de l'eau (une fille trompée – de l'eau de gare), posa précipitamment son verre et fixa ses yeux sur Mme Bellett. Personne ne pourrait la qualifier de pâle *maintenant* .

« Je me demande à quoi ressemblera la nièce de Mme Brande ? » dit sa sœur d'une voix traînante. « Je me demande si, comme sa tante, elle a travaillé comme domestique. Lui, lui, lui ! elle rigola avec affectation.

Il y eut un rire général, au milieu duquel se fit entendre une voix claire et aiguë :

"Si vous souhaitez particulièrement savoir, je peux répondre *à cette* question." C'était la jeune fille pâle qui parlait.

Mme Coote lui lança simplement un regard noir, trop stupéfaite pour prononcer une syllabe.

« Je ne savais pas que ma tante avait déjà travaillé comme domestique ; mais je peux vous soulager sur-le-champ de toute inquiétude à mon sujet. Je n'ai jamais été dans aucune situation, et *c'est* l'approche la plus proche que j'ai jamais faite de la salle des domestiques !

Si la lampe devant eux avait soudainement explosé, la consternation n'aurait guère pu être plus générale. Mme Bellett haletait comme un poisson nouvellement débarqué ; Le capitaine Waring, violet de rire étouffé, se cherchait vainement la cervelle pour trouver une remarque convenable et apaisante, lorsque la porte fut repoussée par le garde en braillant :

"Prenez vos places - prenez vos places, s'il vous plaît, passagers du courrier de Cawnpore."

Sans doute, le train n'était jamais arrivé à un moment plus propice. La compagnie se leva d'un commun accord, recula ses chaises, récupéra ses paquets et sortit précipitamment de la salle, laissant Honor et son escorte *en vis-à-vis* et tout seuls.

« Si ce sont des spécimens de femmes anglaises dans l'Inde, s'écria-t-elle, donnez *-moi* la société des indigènes ; cette chère vieille créature dans la cabane était bien plutôt une dame.

« Oh, vous ne devez pas juger par Mme Bellett ! Je suis sûr qu'elle doit être unique. Je n'ai jamais vu quelqu'un comme elle jusqu'à présent », remarqua-t-il d'un ton consolateur.

« Je vous ai dit, » devenant plus calme et se levant tandis qu'elle parlait, « que je ne pouvais pas me taire. Je ne peux *pas* me taire. Vous voyez, je n'ai pas perdu de temps, j'ai déjà commencé. Bien sûr, la meilleure chose que j'aurais fait aurait été de rester assis sans faire de remarque, au lieu de lancer une bombe dans le camp ennemi. Je me suis déshonoré moi-même et vous ; ils diront : « Les mauvaises communications corrompent les bonnes manières. Je peux facilement trouver une voiture. Ah, voici mon trésor de chuprassi. Vous avez été extrêmement gentil ; mais tes amis t'attendent, et vraiment tu ferais mieux de ne plus être vu avec moi.

Elle était très grande ; et quand elle se releva, leurs yeux étaient presque au même niveau. Elle le regarda droit dans les yeux et lui tendit la main avec un sourire un peu forcé.

Il sourit également en répondant : « Je considère que c'est un honneur d'être vu avec vous, quelles que soient les circonstances, et je vous verrai certainement partir. Notre train ne part pas avant cinq minutes. Un compartiment pour dames, je présume, et *pas* avec Mme Bellett ?

Ils marchèrent lentement le long du quai, passant devant la voiture dans laquelle Mme Bellett et sa sœur disposaient leurs animaux et leurs colis avec une hilarité criarde.

Miss Gordon a eu la chance de s'assurer un compartiment pour elle-même - l'imbécile chuprassi baragouinant et gesticulant, tandis que le sahib lui remettait son mince stock d'affaires. Alors que le train s'éloignait, elle se pencha par la fenêtre et fit un adieu souriant.

Comme il était beau, debout sous la lampe, sans chapeau ! Comme il avait été gentil avec elle – exactement comme un frère ! Elle recula avec une longue inspiration, qui était presque un soupir, en se disant : « Bien sûr que je ne le reverrai plus jamais. »

CHAPITRE XIII.
TOBY JOIE.

Lettre de Mme Brande, Allahabad, à Pelham Brande, Esq., Shirani :—

" Chère P.

« Elle est arrivée hier, vous pouvez donc nous attendre samedi. Envoyez Nubboo au bungalow Nath Tal Dak jeudi pour préparer notre dîner, et ne lui permettez pas *plus* de *six* coolies et *un* poney. Honor semble ressentir beaucoup la chaleur, bien qu'elle soit mince et pas grosse comme moi. À première vue, je dois vous le dire, j'ai été *terriblement* déçu. Quand je l'ai vue descendre du wagon, une grande fille en robe blanche froissée, avec un hideux tope de bazar, sans puggaree, le visage très pâle et couvert de cochonneries, je me suis senti prêt à fondre en larmes. Elle avait l'air très nerveuse et surprise aussi. Cependant, bien sûr, je n'ai rien dit, elle ne devait pas savoir que j'avais demandé la *jolie* , et nous sommes retournés chez les Hodson tous les deux de très mauvaise humeur. Elle était fatiguée, le train était en panne et ils ont tous dû descendre et marcher des kilomètres au milieu de la nuit. Au bout d'un moment, après avoir pris son thé, pris son bain, s'être bien reposée et avoir changé de robe, je déclare que j'ai cru que c'était une autre personne lorsqu'elle est entrée dans la pièce. Je la trouvai exceptionnellement belle et, au bout de cinq minutes, elle me parut vraiment jolie. Elle a un joli sourire et des dents assorties, et de beaux yeux, et quand elle parle, son visage s'illumine merveilleusement. Ses cheveux sont bruns, tout simplement bruns, sans couleur, mais très épais et fins. Je sais que vous serez terriblement déçu par son teint, car vous étiez du genre à admirer une belle peau. Elle n'en a pas *du tout* .

« Juste une couleur pâle et claire et pas plus, mais sa silhouette est des plus belles. En effet, chaque fois que je la regarde, je remarque quelque chose de nouveau ; tantôt la nuque, tantôt ses oreilles, autant de modèles. Elle est, bien sûr, un peu timide et étrange, mais elle est simple et facile à satisfaire ; et, Dieu merci, il n'a pas *de grands airs* . Je l'ai emmenée chez Madame Peter (elle se fait appeler Pierre) pour commander des robes pour des dîners. J'ai pensé à un satin jaune figuré et à une peluche rubis, elle étant foncée ; mais elle n'en voulait pas *entendre* parler, et tout ce qu'elle prenait, c'était quelques cotons. Je vois qu'elle veut choisir ses propres vêtements et qu'elle aimerait aussi avoir son mot à dire sur *les miens* ; et en sait beaucoup sur la tenue vestimentaire et la mode, et est habile en milinerie (j'oublie toujours s'il y a deux « L », mais cela ne vous dérangera pas). Elle dit qu'elle aime la danse et le tennis, mais qu'elle ne sait ni monter ni chanter, ce qui est dommage.

« Elle a apporté un violon avec elle et elle en *joue* , me dit-elle. Cela *me fait penser* à un mendiant aveugle avec un chien pour de l'argent, mais les Hodson disent que c'est tout ce qu'il faut à la maison ; ils admirent énormément Honor.

« Je suppose que la fille de Mme Langrishe est arrivée. J'ai entendu dire qu'elle ne mesurait pas plus de six pence ou demi-pence, mais c'est le *plus grand flirt* d'Inde.

« Votre affectueusement », SARABELLA BRANDE .

"PS : j'espère que Ben va bien et qu'il l'acceptera."

Honor avait également écrit à sa maison pour lui annoncer son arrivée, s'attardant sur la gentillesse de sa tante et profitant de tout, sachant que de longs extraits de sa lettre seraient lus à haute voix à des amis curieux. Elle avait terriblement le mal du pays alors qu'elle écrivait sa joyeuse épître. Comme elle aurait souhaité pouvoir se mettre dans l'enveloppe et se retrouver une fois de plus dans ce salon lumineux mais délavé, avec ses banquettes profondes, ses chaises confortables et son piano de campagne tintant. Chaque vase et bol serait rempli de fleurs printanières. Jessie servait du thé, pendant que sa mère racontait à ses visiteurs qu'elle avait reçu une belle et longue lettre d'Honor, qui était ravi de l'Inde et aussi heureux que la journée était longue !

Elle prit grand soin que ses larmes ne tombassent pas sur le papier, en écrivant cet épanchement trompeur. C'était épouvantable de ne pas voir un visage ou un objet familier. Ce nouveau monde paraissait si vaste et si étrange. Elle se sentait perdue dans l'immense chambre dans laquelle elle écrivait, avec ses hauts murs nus, son sol mat et sa punkah grinçante. Un chien quelconque des écuries s'était introduit derrière l'un des poussins de la porte. Elle l'a appelé, désireuse de se faire des amis. Les chiens étaient sûrement les chiens du monde entier ! Mais la créature ne comprit pas ce qu'elle disait, se contenta de le regarder d'un air interrogateur et s'éloigna furtivement. Elle a vu de nombreux spectacles nouveaux, alors qu'elle conduisait dans la fraîcheur du soir dans le landau spacieux de Mme Hodson, le long des larges routes plantées d'Allahabad, et a regardé les gens arroser la poussière blanche et brûlante, qui semblait en réalité fumer et bouillonner ; elle aperçut des ekkas bruyants, remplis de passagers et tirés par un poney méchant et mal utilisé ; des aides-soignants sur des chameaux au trot ; de gros messieurs indigènes dans des coupés, des sahibs anglais maigres et pâles dans des charrettes à chiens. Il faisait extrêmement chaud ; la soi-disant « brise du soir » consistait en bouffées de vent chaud, avec un soupçon de sable. La plupart des dames d'Allahabad étaient déjà sur les collines.

Mme Brande était une Anglo-Indienne bien trop expérimentée pour ne pas apprécier la sagesse de voyager dans le confort. Elle avait ses propres domestiques et beaucoup d'oreillers, d'éventails, de glace, de fruits et d'eau de Cologne ; loin d' *elle l'idée* de voyager avec un simple sac à main et un parasol !

Honor, dans un coin confortable, avec plusieurs coussins de duvet sur le dos et un livre sur les genoux, était assise, regardant la perspective inhabituelle qui semblait glisser lentement devant les fenêtres de la voiture. C'était là un pays différent de celui qu'elle avait déjà parcouru : de grandes étendues de céréales, de coquelicots et de canne à sucre indiquaient les principaux produits du Nord-Ouest. Elle était résolue à tout voir et à tout noter — même les oiseaux aquatiques blancs et les grues à longues pattes qui se prélassaient parmi les marais — afin de pouvoir écrire tous les détails dans la prochaine lettre à son domicile.

Alors qu'ils traversaient le Terai — cette ceinture de jungle à couper le souffle — les collines bleues commencèrent à apparaître largement dans la vue. Finalement, le train s'arrêta sur un quai presque au pied d'eux, et une phase du voyage était terminée.

Honor ne pouvait s'empêcher d'admirer sa tante, alors qu'elle sortait avec un air qui indiquait qu'elle était désormais le monarque de tout ce qu'elle observait (elle était enveloppée dans une cape anti-poussière de couleur crème et un topi assorti, et ressemblait à un immense champignon de Paris).). Elle se débarrassa brièvement des coolies qui clamaient, donna des ordres à ses serviteurs dans un vigoureux hindoustani et ouvrit la voie jusqu'à l'arrière de la gare, où se trouvaient une collection de longues boîtes ouvertes - chaque boîte avait un siège et était attachée à deux poteaux - et tous étaient rassemblés au milieu d'un vacarme affolant et des accents d'une langue inconnue.

«Nous allons dans ces jampans», expliqua vivement Mme Brande. « Montez, Honor, et je vais vous emballer ; nouez votre voile, mettez votre couverture sur vos genoux, et vous serez bien à l'aise.

Mais Honor éprouva tout le contraire lorsqu'elle se vit soudain hissée sur les épaules d'hommes et emportée rapidement dans le sillage de sa tante, qui semblait parfaitement à l'aise dans des circonstances similaires.

Pendant quelque temps, ils suivirent une large route empierrée bordée de grands arbres forestiers, puis ils traversèrent un pont tournant, empruntèrent un étroit sentier escarpé qui serpentait au milieu des bois, surplombant le lit rocheux d'une rivière presque à sec. Ce soi-disant sentier équestre serpentait autour des collines sur des kilomètres, chaque courbe brusque semblait les amener plus haut ; Un jour, ils rencontrèrent une bande de poneys de bât qui fonçaient en trombe sur leur chemin de retour vers les plaines, de misérables petites bêtes maigres, qui ne semblent jamais avoir le temps de manger, ni même de rien manger s'ils *en avaient* le loisir. Mme Brande et son groupe ne rencontraient que peu de monde, à l'exception parfois d'un coolie aux larges épaules qui luttait vers le haut avec une énorme charge attachée sur le dos et ressemblant à un Atlas moderne. Un jour, ils croisèrent une jeune fille indigène enjouée, chevauchant un poney, à la mode masculine, et échangeant des quolibets et des réparties avec ses compagnes, et un jour ils rencontrèrent un Européen, un jeune homme vêtu de flanelle et d'un blazer, qui claquait à toute allure en chantant. à pleine voix, « Slattery's Mounted Foot » – un jeune homme joyeux, aux cheveux bouclés, hâlé, qui arrêta sa chanson et son cheval dès qu'il aperçut Mme Brande.

"Bonjour!" il cria. "Content de te revoir! Accueillez la venue. Speed, posant la main sur son cœur, l'invité qui se sépare.

"Où vas-tu?" demanda impérieusement la dame.

« Seulement à la gare. Nous organisons de grands théâtres ; et malgré les coolies, les messages et les lettres furieuses, aucune de nos propriétés n'a été transmise, et j'ai commencé à soupçonner que le Babou pourrait jouer sa propre pièce, et je descends le chercher. Je ne suis pas énergique ? Ne mérite-t-il pas un vote de remerciement public ?

"Caca! Votre voyage n'est rien », s'écria Mme Brande avec un grand mépris. "Eh bien, je suis allé à Allahabad, où le thermomètre est à 95° à l'ombre."

"Oui, dans toute cette chaleur, et pour un objet bien plus valable", jetant un coup d'œil à Honor. « Vous pouvez compter sur moi, je ferai en sorte que vous soyez recommandé pour un DSO »

« Quel garçon impudent tu es ! » rétorqua la matrone ; et tournant à demi la tête, elle dit à son compagnon : « Honor, voici M. Joy ; il est *tout à fait* fou. M. Joy, voici ma nièce, Miss Gordon, qui vient d'arriver d'Angleterre » (sa formule invariable).

M. Joy a enlevé son topi jusqu'à l'arçon de sa selle.

« Et quelles sont les nouvelles ? continua Mme Brande. « La nièce de Mme Langrishe est-elle venue ? » » demanda-t-elle péremptoirement.

"Oui, je suis arrivé il y a deux jours, c'est le matin, tu vois", ajouta-t-il avec un clin d'œil malicieux.

« Je ne vois pas ; et tout le monde sait que ce ver était un *imbécile* . À quoi ressemble-t-elle?"

"Comme une fée, et des danses qui vont avec", répondit M. Joy avec enthousiasme.

"Viens viens; que sais-tu des fées ? Est-elle belle?"

"Oui, et plein de vie, et vas-y, et chic."

"Joue! *Cela* ne me surprend pas , sachant qu'elle est la propre nièce de Mme Langrishe.

« Chic est un mot français, tu ne sais pas ? et cela signifie… eh bien, je ne peux pas l'expliquer exactement. Quoi qu'il en soit, Miss Paske sera une excellente acquisition.

"Comment?"

« Oh, vous pourrez bientôt juger par vous-même. Elle agit de première classe et joue du banjo comme un ange.

« Quelles bêtises tu racontes, Toby Joy ! Qui a entendu parler d'un ange jouant autre chose que de l'arpège ?

"Au fait, Miss Gordon," dit Toby en se tournant soudainement vers elle, "j'espère que vous agirez."

"Non; Je n'ai jamais joué de ma vie.

« Oh, ce n'est rien ! Toutes les femmes sont nées actrices. Alors, tu chantes sûrement… tu as un visage qui chante ?

"Je suis désolé de dire que, dans ce cas, mon visage me dément."

"Eh bien, en tout cas," avec un air désespéré, "tu pourrais danser dans un burlesque ?"

"Partir!" a crié Mme Brande. « Dansez dans un burlesque ! Je suis contente que sa mère ne t'entende pas. Peu importe, Honor ; il est fou de théâtre et de danse et ne pense à rien d'autre.

"Tout travail et pas *de jeux* font de Jack un garçon ennuyeux", rétorqua-t-il.

"Qui d'autre est debout ?" » demanda sévèrement Mme Brande.

"Oh, l'ensemble habituel, je crois. Lloyds, Clovers, Valpys, Dashwoods, une classe de signalisation, un camp permanent, un baronnet ; il y a aussi un millionnaire à peu près à mi-chemin. Vous trouverez un type appelé Waring au Nath Tal Dâk Bungalow – il a été dans le service autrefois, il a maintenant gagné des tonnes d'argent et est un gentleman au sens large – très passionné de course et de sport. J'espère qu'il vivra dans notre mess.

"Alors il n'est pas marié?" » dit Mme Brande d'un ton de satisfaction non affectée.

« Pas lui ! Périsse la pensée! Il a un compagnon, un jeune homme qu'il emmène avec lui, une sorte de parasite et de parent pauvre.

"Comment est-il? Bien sûr, je veux dire le millionnaire ?

"Oh, *bien sûr*", avec un hochement de tête affable ; "Un type joyeux et beau, ce serait un héros A1 de roman."

Mme Brande jeta un rapide coup d'œil à Honor et poussa un léger soupir de contentement en s'exclamant :

"Eh bien, je suppose que nous devrions passer à autre chose."

"Oui, car vous trouverez le bungalow rempli de Tommies et de leurs femmes. Donnez mon amour au millionnaire. Au revoir, Mme Brande. *Au revoir*, Mlle Gordon. Vous réfléchirez au burlesque et nous aiderez d'une manière ou d'une autre, n'est-ce pas ? et avec un geste d'adieu de la main, il s'enfuit.

«C'est un fou inoffensif, ma chère», expliqua la tante à sa nièce, alors qu'ils étaient transportés côte à côte. « Il ne pense qu'à jouer la comédie, et toujours en ébullition avec son colonel ; mais personne n'est jamais vraiment en colère contre Toby, c'est un simple garçon.

« Il doit avoir vingt-trois ans, et… »

«Regardez les bagages juste devant», interrompit Mme Brande avec enthousiasme. « Ce doivent être les coolies du capitaine Waring », et à la grande surprise d'Honor, elle s'arrêta impérieusement et les interrogea vivement.

« Oui, pour un sahib… deux sahibs à Nath Tal », grognèrent les hommes des collines.

"Quelle quantité", s'écria-t-elle, passant sans vergogne chaque chargement dans un examen solennel. « Voyez quelle jolie trousse de toilette et quel panier à tiffins. Je crois, en calculant, pas moins de cinq valises, tout en cuir massif, capitaine C. Waring ; et regardez les étuis à fusils, et cette grosse boîte entre deux hommes, c'est de la sellerie… j'en connais la forme.

"Oh, tante Sara, tu ne penses pas que nous devrions continuer ?" » a exhorté son compagnon. "Nous retardons ses hommes."

« Mon cher enfant, apprends à savoir qu'il n'y a *rien qu'un* coolie aime mieux que d'être retardé. Rien ne presse et je m'intéresse vraiment à ce jeune homme. Je veux voir où il était, d'où il vient. En réponse à une phrase impérative dans une langue inconnue d'Honor, un coolie souriant tourna le dos, sur lequel était attaché un portemanteau, pour l'inspection délibérée de Mme Brande.

Il s'avéra qu'il était couvert d'étiquettes, et elle lut à haute voix avec beaucoup d'onctions et pour le bénéfice d'Honor :

« Victoria, c'est la Nouvelle-Galles du Sud, Paris, Brindisi, Bombay, Poonah, Arkomon, Calcutta, Galle, Lucknow. Bénis-nous et sauve-nous, il a séjourné à Government House, à Calcutta, et a parcouru la moitié du monde ! Voyez ce que c'est d'avoir de l'argent ! » et elle fit signe à ses jampanies de continuer son voyage. Bientôt, ils croisèrent deux autres coolies, légèrement chargés d'un matériel plutôt maigre ; elle ne jugea pas nécessaire de les remettre en question.

« Ce sont les affaires du cousin », expliqua-t-elle avec mépris, « MJ, le parasite. Horriblement défraîchi, seulement un sac et quelques boîtes. On pouvait dire que le propriétaire était un homme pauvre.

Honor ne répondit rien. Elle commença à avoir l'idée qu'elle avait déjà vu ce pauvre jeune homme, ou que deux cousins voyageaient ensemble pour le plaisir de voyager, une caractéristique courante en Inde. Cela ne la surprendrait pas beaucoup si elle retrouvait son compagnon de cette promenade de cinq kilomètres attendant son mince bagage au Nath Tal Bungalow.

Alors que Mme Brande était portée vers le haut, son moral semblait s'élever simultanément avec son corps. Elle était sur le point de faire la connaissance d'un millionnaire et pouvait cultiver son amitié confortablement, sans être dérangée par les machinations de son rusé rival. Elle l'inviterait à être son hôte pendant les deux jours où ils voyageraient ensemble, et volerait ainsi une belle et longue marche (dans tous les sens du terme) sur Mme Langrishe !

CHAPITRE XIV.
VOLER UNE MARCHE.

Au coucher du soleil, la lune se leva au-dessus des collines et éclaira les voyageurs le long d'un sentier serpentant au bord d'un lac de montagne irrégulier et surplombé d'une multitude de cerisiers en pleine floraison.

"Regarder!" s'écria joyeusement Mme Brande, là, devant vous, vous voyez enfin les lumières du Dâk Bungalow. Vous serez heureux de votre dîner, et je suis sûr que *je* le serai.

Deux hommes, assis dans la véranda de la même maison de repos, auraient également été très reconnaissants pour le leur. Le bâtiment dispersé semblait rempli de soldats et de leurs femmes, et il ne semblait pas y avoir de perspective immédiate de repas. La cuisine avait été prise par le majestueux cuisinier d'un burra mem sahib, attendu sous peu, et il fallait donc maîtriser les appétits de quelques inconnus insignifiants.

Ces voyageurs étaient, bien entendu, le capitaine Waring et Mark Jervis, que le premier qualifiait invariablement de « son cousin ». C'était un titre commode et expliquait leur étroite compagnie. Au début, Mark avait été disposé à corriger cette affirmation et à murmurer : « Pas des cousins, mais des relations », mais il avait été réduit au silence par Clarence s'écriant avec irritabilité :

« Les cousins et les relations sont la même chose. Peu importe ce que nous sommes ? Et à quoi bon s'embêter ?

« Je suis presque fou de faim », gémit le capitaine Waring. "Je n'ai rien mangé depuis dix heures à part un œuf dur."

«Fumez, comme le font les Indiens», suggéra son camarade sans émotion, «ou faites quelques trous dans votre ceinture. De toute façon, un peu de faim ne vous fera pas de mal : vous grossissez.

« Je me demande si j'allais m'asseoir sur les marches avec une pancarte autour du cou sur laquelle il était écrit : « Je meurs de faim », si cette bonne dame nous offrirait à dîner ? La faim est déjà assez grave, mais l'odeur exquise de son mouton rôti aggrave mes douleurs.

"Tu n'as qu'à te montrer, et elle t'invitera."

« Comment le savez-vous, et pourquoi faites-vous cruellement naître mes espoirs ?

"Parce que j'ai entendu dire qu'elle est l'âme de l'hospitalité et qu'elle a le meilleur cuisinier des collines."

« Puis-je vous demander comment vous avez découvert cette information vraiment précieuse ? »

« De la part du jeune harum-scarum décédé cet après-midi. Il a oublié de mentionner son nom.

"La voilà qui arrive près du barrage", interrompit Waring. « Remarquez l'excitation parmi les domestiques : *son* repas sera prêt à la minute près. Elle doit être vraiment une femme formidable et elle a déjà gagné mon respect. Si elle m'invite à dîner, je l'aimerai. Qu'en dis-tu, Marc ?

"Oh, je pense que, puisque vous l'avez dit ainsi, il me serait plus facile d'aimer la demoiselle !"

« Je pensais que vous aviez peur des jeunes filles ; et tu dois avoir des yeux de chat si tu peux en voir un à cette distance.

« J'ai l'usage de mes oreilles et je n'ai rien eu d'autre à faire que de concentrer mon attention sur ce qui sera évidemment le *seul* repas de la soirée. J'ai entendu le cuisinier dire au khitmatghar de préparer une place pour la « Miss Sahib ».

"Quelle chose que d'être observateur !" s'écria le capitaine Waring. « Et les voici. Par Georges ! elle *est* un poids lourd ! faire allusion à Mme Brande, qui était maintenant abandonnée avec une décharge, cela exprimait tout un soulagement.

La dame monta la véranda à pas lents et solides, jeta un rapide coup d'œil aux deux affamés, et entra dans sa propre chambre bien chauffée, où l'attendait une table soigneusement dressée et ornée de fleurs de cerisier.

« Layez deux places supplémentaires », furent ses premiers ordres au salaming Khitmatghar ; puis à sa nièce : « Je vais inviter ces deux hommes à dîner.

"Mais tu ne les connais pas, tante Sara!" » protesta-t-elle assez timidement.

« Je les connais, et cela suffit amplement dans un bungalow dâk. Nous ne sommes pas aussi raides que vous en Angleterre ; nous sommes tous, pour ainsi dire, dans le même ensemble présenté ici ; et je suis sûr que le capitaine Waring sera reconnaissant de se joindre à nous, à moins qu'il ne soit un idiot-né. Dans ce bungalow, il n'y a que des bougies et de la confiture. Je le sais depuis longtemps. Les gens qui passent à côté sont comme une nuée de sauterelles et ne laissent derrière eux que des boîtes et des bouteilles vides. Maintenant, *je* peux lui donner du mouton et du champagne.

Après avoir soigneusement arrangé sa robe, mis ses deux plus belles bagues en diamant et un bonnet bleu (NB : le bleu avait toujours été sa couleur), Mme Brande sortit dans la véranda et accosta ainsi les étrangers :

«Je serai très heureux si vous deux messieurs dînez avec moi dans mon appartement.»

"Vous êtes vraiment trop bon", répondit le capitaine Waring en se levant d'un bond et en s'inclinant un peu exagérément. "Nous serons ravis, car il ne semble pas que nous ayons quelque chose à manger avant demain."

"Vous aurez quelque chose à manger dans moins de cinq minutes", fut la réponse rassurante de Mme Brande, alors qu'elle ouvrait la voie à son propre appartement.

« Voici, » agitant la main vers Honor, « c'est ma nièce, Miss Gordon, qui vient de sortir d'Angleterre. Je suis Mme Brande, mon mari est membre du Conseil.

« Nous avons déjà eu le plaisir de rencontrer Miss Gordon », a déclaré le capitaine Waring ; "Ce ne sera pas la première fois que nous nous asseyons à la même table", et il lui jeta un coup d'œil sournois.

"Oui", balbutia Honor, avec une couleur accrue, alors qu'elle s'inclinait et serrait la main de Mark. "C'est le monsieur dont je vous ai parlé, tante Sara, qui m'a secouru alors que j'étais seul dans le train."

« Ah ! en effet, dit Mme Brande en s'asseyant tout en dépliant délibérément sa serviette, je suis sûre que je lui suis très reconnaissante, mais elle aurait secrètement souhaité qu'à cette occasion Honor se lie d'amitié avec son riche associé. .

« Laissez-moi vous le présenter, Mme Brande. Son nom est Jervis », dit le capitaine Waring de son air le plus jovial. « Il est jeune, oisif et célibataire. Je m'appelle Waring. J'étais dans les Rutlands, mais j'ai abandonné le service il y a quelque temps.

"Eh bien, maintenant nous savons tout l'un sur l'autre" (oh, dame trompée !) " commençons notre dîner ", dit Mme Brande. "Je suis sûr que nous mourons tous de faim."

Le dîner s'est avéré excellent et comprenait du mahseer du lac, du canard sauvage des marais et du mouton club. Non! Le « chef » de Mme Brande n'avait pas été surfait. Au début, tout le monde (en particulier l'hôtesse et Clarence Waring) avait trop franchement faim pour parler, mais après un certain temps, ils commencèrent à discuter du temps, des insectes locaux et de leur voyage - pas de la manière formelle commune aux Britanniques lors de leurs tristes voyages. — mais d'une manière conviviale et familiale, digne d'un appartement blanchi à la chaux, avec le lit de l'hôtesse dans un coin.

Pendant que les deux hommes discutaient avec sa nièce, Mme Brande les regardait d'un œil critique, « faisait le point » comme elle se disait. Le capitaine Waring était un homme de trente-cinq ou six ans, bien bâti et d'apparence militaire ; il avait les cheveux foncés coupés court, des yeux joyeux et audacieux, et était beau, bien que hâlé jusqu'à un bronzage profond, et son visage était profondément ridé - ceux de son front semblaient avoir été réglés et coupés jusqu'aux os - néanmoins, son habituel L'expression était aussi gaie et animée que celle de Toby Joy lui-même. Il avait l'air extrêmement aisé (sans doute n'avait-il jamais connu de souci d'argent de sa vie), il portait ses vêtements avec aisance, ils lui allaient admirablement, sa montre, ses clous et son linge étaient de la plus belle qualité ; de plus, il appréciait un bon dîner, semblait accepter le meilleur de tout comme une évidence et cherchait intelligemment les poivrons et les sauces, qui heureusement arrivaient.

« Le compagnon », comme l'appelait mentalement Mme Brande, était un homme plus jeune, en fait un simple jeune homme d'environ vingt-deux ans, bien bâti, carrément bâti, avec de bonnes épaules et une bouche et un menton déterminés. Il portait un costume de flanelle, une montre en argent, avec une chaîne en cuir, et ressemblait exactement à ce qu'il était : un pauvre parasite oisif !

Mme Brande l'a quitté pour parler à Honor et l'a même entièrement négligé au profit de son parent le plus important. Sa nièce était secrètement consciente (et en voulait) de la préférence de sa tante et redoublait d'efforts pour divertir son compagnon de voyage méprisé. Elle avait aussi de la sympathie pour lui. N'étaient-ils pas tous deux dépendants, tous deux parents pauvres ?

« Eh bien, capitaine Waring, vous venez donc voir Shirani ? dit Mme Brande de son air le plus gracieux.

"Oui, et j'ai plutôt envie de me remémorer le bon vieux temps ici et de passer un bel été de farniente dans les collines."

"Alors tu es resté en Inde tout l'hiver ?" (L'inspection de son kit que la rusée a gardé pour elle.)

"Oui. Nous sommes sortis en octobre. J'ai fait un petit tournage à Travancore et j'ai passé quelques mois à Calcutta.

« Alors peut-être avez-vous croisé une Miss Paske, là-bas ? Mais je ne suppose pas qu'elle était sur le plateau de Government House. Son oncle n'est personne.

"Être sûr. Nous connaissons Miss Paske, n'est-ce pas, Mark ? Elle était très présente sur le plateau de Government House. Tous les ADC l'adoraient. Un petit truc, avec des cheveux blonds et pelucheux et un *nez rétroussé* .

"Je ne sais rien de son nez ni de ses cheveux, mais elle est à Shirani maintenant."

« Vous ne le dites pas ! Je suis ravi de l'entendre. Elle est très amusante !

Le visage de Mme Brande tomba. Elle resta assise à émietter son pain pendant quelques secondes, puis dit distraitement : « Avez-vous remarqué ces singes en montant ?

Elle avait l'habitude particulière de passer brusquement d'un sujet à un autre, au sens figuré, au pôle opposé. Elle a déclaré que ses idées voyageaient parfois plus vite que son discours, peut-être qu'elle avait son propre train de pensées consécutives, quoique rapide, et qu'elle aurait ainsi pu relier Miss Paske aux singes.

« Oui, des nuées de ces vieux gars gris au visage noir. Je suppose qu'ils ont un club de foire à Shirani et qu'ils tiennent une salle de whist ? Y a-t-il beaucoup d'hommes qui jouent ?

« Seulement trop. Je n'approuve pas les cartes, du moins les jeux de hasard. J'adore jouer au whist — je joue un demi-anna sur le caoutchouc, juste pour lui donner un peu d'intérêt.

"Est-ce qu'ils jouent haut à Shirani?" » demanda-t-il avec une pointe d'impatience.

« Oui, je le crois ; et cet horrible vieux colonel Sladen est le pire de tous.

"Quoi! est-il toujours là ? il jouait un caoutchouc de première classe.

"Il joue à n'importe quoi - à enjeux élevés ou faibles - de jour comme de nuit - il paie - sa femme paie", a conclu Mme Brande, l'air assez féroce.

« Oh, est-ce qu'elle est encore sortie ? Jolie petite femme.

" *Encore dehors* ! Elle n'est encore jamais rentrée à la maison », et elle se mit à détailler les griefs de cette dame, tandis que les yeux errants de son compagnon se posaient sur son cousin et Miss Gordon.

C'était une fille d'apparence remarquable, voire fascinante, très différente de l'impression qu'il avait d'elle à première vue. Elle avait un sourire radieux, des yeux merveilleusement expressifs (ces yeux seuls la rendaient belle et la sortaient complètement du commun) et un air noble. Il est étrange qu'elle ait un lien de parenté avec cette vieille femme vulgaire, et la vieille femme vulgaire ne se doutait pas à quel point elle avait été défendue par sa nièce anglaise. La pleine lune qui brillait sur le lac incitait toute la fête à sortir. Le capitaine Waring fit une tentative lâchement ingrate (mais totalement vaine) d'échanger des dames avec son ami. Mme Brande, cependant, l'invita bruyamment à l'accompagner, tandis qu'elle marchait lentement vers la route

; et tandis qu'il allumait son cigare chez son cousin, il murmurait avec colère sous sa moustache :

«Je trouve *cela* terriblement injuste. J'ai eu la vieille fille tout le temps à dîner. Vous en avez six à quatre, le meilleur !

CHAPITRE XV.
UN MOMENT DE FIERTÉ.

Le capitaine Waring enviait son camarade qui, avec Miss Gordon, marchait à quelques pas devant lui et ce qu'il appelait mentalement « sa vieille femme de la mer ». Elle ne cessait de parler et ne pouvait le supporter hors de ses yeux. Les autres semblaient s'entendre à merveille ; ils avaient beaucoup à se dire, et leurs rires fréquents excitaient non seulement son envie, mais son étonnement.

Mark n'était pas un homme à femmes ; cet écuyer de dames était un nouveau départ. Une telle vocation était bien plus dans sa propre lignée, et selon toutes les lois de la convenance des choses, *il* devrait être à la place de Mark – se promener au clair de lune avec une jolie fille le long des rives de ce joli tarn de montagne. De quoi parlaient-ils ? Mark n'a jamais trouvé grand-chose à dire aux filles - tendant l'oreille, non pas par désir peu distingué d'écouter, mais simplement par pure curiosité amicale - il n'a prêté que peu d'attention aux questions de Mme Brande et lui a donné plusieurs réponses trompeuses.

« Son cousin n'avait aucune profession… c'était un gentleman en général… oui… son *protégé* … oui. Lui-même était un homme de loisir, oui. Oui oui oui; il disait « oui » à tout sans discernement ; c'est si facile de dire « Oui ! »

"Il est étrange que nous nous rencontrions deux fois au cours du même voyage", fit remarquer Jervis à son compagnon.

"Si vous ne m'aviez pas croisé la première fois, je suppose que je serais encore assis dans ce train !"

"Oh non; pas tout à fait aussi longtemps que ça.

"Tu ne diras rien à ma tante à propos de..."

« Mon Dieu, Miss Gordon ! Pensez-vous que j'ai l'air d'un fou ?

« Vous voyez, j'ai une façon si épouvantable d'exprimer les choses, que j'imagine que ce qui est pour *moi une tentation irrésistible* , pourrait l'être pour d'autres personnes !

« Vous n'avez pas besoin d'avoir peur, en ce qui me concerne. Je peux répondre moi-même que je peux tenir ma langue. Et comment ça va ? Vous comptez toujours les heures jusqu'à votre départ ? avec un air d'interrogation gaie.

"Non en effet. Au début, j'avais désespérément le mal du pays ; mais je m'en remets maintenant.

Et peu à peu, elle fut amenée à parler des histoires de Jessie, de leur célèbre mûrier et des divers personnages locaux pittoresques. Il y avait sûrement une influence occulte dans la scène ; ou était-ce l'air franc et la voix agréable de ce jeune homme qui lui ouvrait ainsi les lèvres ? Elle avait l'impression de le connaître depuis assez longtemps ; en tout cas, c'était sa première connaissance en Inde, et elle se répétait une fois de plus le fait réconfortant qu'il était aussi un parent pauvre : cela seul constituait un fort lien de sympathie. Tandis qu'ils parcouraient la route étroite qui bordait le lac de Nath Tal, ils riaient et parlaient avec une joie mutuelle qui remplit l'esprit du capitaine Waring et de Mme Brande (qui n'étaient pas si heureusement ensemble) de consternation de la part de la dame. et du dégoût du côté de monsieur. Le capitaine Waring aurait sans doute trouvé leur conversation insipide au dernier degré ; il ne contenait aucun compliment sucré, ni la moindre épice de sentiment ou de flirt.

« J'ai un marché à vous proposer, à vous deux messieurs, » dit Mme Brande, avant qu'ils ne se quittent pour la nuit. « Nous faisons les mêmes marches et au même endroit ; Je serai heureux de fournir le commissariat, si vous voulez être notre escorte et nous protéger. Que dites-vous?" faisant appel au capitaine Waring avec un sourire narquois.

« Ma chère Madame, je dis que nous concluons sur-le-champ avec votre offre ; c'est tout à fait en notre faveur », fut sa prompte réponse.

Mme Brande rayonnait encore plus rayonnante. Il n'y avait aucune raison de consulter l'autre jeune homme.

« Alors nous considérerons que tout est réglé ; c'est un banderbust, » et prenant le bras d'Honor, elle lui fit un signe de tête très affectueux pour lui souhaiter une bonne nuit et se retira dans ses propres quartiers.

Le lendemain, à six heures précises, la fête commença : les hommes sur de robustes poneys de montagne, les dames en dandys. Quoi de plus exquis qu'un clair matin d'avril sur les pentes inférieures de l'Himalaya ? Le lac était calme et à moitié plongé dans l'ombre ; la rosée brillait parmi les fleurs de cerisier, comme si elles étaient serties de diamants ; les bas marais couverts de joncs étaient parsemés de troupeaux de bétail, et les colombes roucoulaient dans les bois denses qui surplombaient les plaines bleues et brumeuses. Les voyageurs rencontrèrent de nombreux groupes de gens des collines, allant travailler dans les parcelles cultivées plus bas, ou dans les jardins de thé voisins. Alors qu'ils traversaient un village, un troupeau de charmants petits enfants bruns sortait et jetait des roses mensuelles fraîchement cueillies dans les jardins. les genoux des dames, « si charmants et si simples et arcadiens », pensa Honor. Mais elle fut désillusionnée par les mêmes petits elfes bruns qui les poursuivaient sur un demi-mile, avec des demandes stridentes de « Bucksheesh ! putain ! »

À mesure qu'ils montaient, la journée devenait sensiblement plus chaude et la montée plus raide. A midi, ils s'arrêtèrent près d'un ruisseau de montagne, sous des chênes verts, et y trouvèrent un excellent repas qui les attendait. Le corpulent cuisinier de Mme Brande s'était ceint les reins et s'était précipité par les raccourcis et les sentiers détournés, et se tenait maintenant en embuscade avec ce repas bienvenu composé de volaille, de tarte froide, de petits pains et de café ; le bordeaux et le jarret se refroidissaient dans un ruisseau voisin.

Il y avait *une certaine* satisfaction à être escorté jusqu'à Mme Brande, qui était assise sur une boîte, présidant la nappe et semblant l'incarnation d'une hospitalité satisfaite. Quand le repas fut terminé et que les hommes fumaient, elle dit :

« Qu'est-ce qu'il y a dans ton dandy, Honor ? Je vous vois en prendre autant de soin que s'il s'agissait d'un grand trésor ; pas vos nouveaux chapeaux, *j'espère* ? sur un ton de réelle inquiétude.

« Non, ma tante ; c'est mon violon – une affaire bien plus importante.

« C'est absurde, mon enfant ! Pourquoi ne l'avez-vous pas laissé avec les lourds bagages ?

"Parce qu'il aurait pu être brisé."

"Eh bien, si c'était le cas, cela pourrait être réparé. Nous avons un menuisier Maistry très intelligent à Shirani. Je lui donne souvent des petits boulots. Mon majordome, un Goanais, a aussi un violon, et un soir je l'entends donner un avantage aux autres domestiques.

« Peut-être que lui et moi pourrions jouer en duo », remarqua Honor avec modestie.

"Mon cher enfant!" d'un air profondément horrifié. « Comment peux-tu parler d'une manière aussi sauvage ? Le capitaine Waring est choqué… n'est-ce pas, capitaine ?

« Terriblement scandalisé ; et je ne tolérerai l'indignation envers mes sentiments qu'à une condition, que Miss Gordon nous joue un solo. Le ferez-vous, Mlle Gordon ? C'est l'heure et le lieu.

Mme Brande s'attendait naturellement à ce que sa nièce ait besoin d'au moins un quart d'heure de pression incessante ; et, en effet, malgré ce que lui avaient dit les Hodson, cette vieille personne ignorante n'était pas du tout sûre que ce soit la bonne chose pour une femme de jouer du violon. « Est-ce que Mme Langrishe permettrait à sa fille de le faire ? et les visions de son propre gros majordome noir, accroupi à l'extérieur de la maison dans la fraîcheur du jour, jouant aux jigs et aux reels devant un cercle de syces et de chuprassis ravis, lui vinrent à l'esprit !

Cette vision fut rapidement dissipé par une autre. Honor aspirait au son de son violon bien-aimé, son public actuel n'était pas formidable et elle n'était pas du tout nerveuse. La dernière fois qu'elle avait tenu son violon et son archet, cela avait été un après-midi morne et humide à la maison – une sorte de pire temps gris et maussade anglais. Elle leur avait joué au salon « Adieu » de Schubert. Oui, et sa mère avait pleuré. Maintenant, quelle scène différente et quels auditeurs différents ! Deux hommes, presque étrangers, étendus sur l'herbe, attendant paresseusement et, en ce qui concerne le capitaine Waring, prêts avec condescendance à se divertir ; une grosse dame assise sur une caisse à vin, avec sa serviette sur les genoux et son topi tout en arrière de la tête ; un groupe éloigné de serviteurs vêtus d'écarlate et de blanc ; et tout autour une scène propre à encercler Orphée lui-même. Chaîne après chaîne de collines bleu pourpre, surgissant de forêts de rhododendrons et de chênes, un rival à travers la vallée en forme de coucou, sinon un silence d'attente et de sympathie.

Alors que la jeune fille sortait le violon de son étui, le capitaine Waring put voir qu'il était entre des mains qui l'adoraient ; et remarqua en outre que lesdites mains étaient belles, les poignets les plus délicatement modelés. Bientôt, l'arc commença à émettre des sons célestes.

Honor se leva, s'appuyant négligemment contre le tronc d'un arbre, et parut totalement inconsciente de son auditoire ; son visage, tourné vers les collines, prit peu à peu une expression ravie et exaltée, et son jeu était en harmonie avec son attitude et son regard. La performance a été une révélation – un mélange d'une grande simplicité, avec une note distincte de passion humaine dans sa tension. La musique était sûrement la voix de la douce âme de cette fille !

Les serviteurs s'approchèrent hardiment pour entendre cette nouvelle « Miss Sahib » qui tirait de si merveilleuses notes du « sitar ». Les poneys eux-mêmes dressaient les oreilles, une vache des collines s'arrêtait pour écouter, le coucou compétitif était muet.

Les deux jeunes hommes abandonnèrent peu à peu leur cigarette. Mme Brande laissa tomber sa mâchoire. Eh bien, sa nièce jouait aussi bien qu'un homme lors d'un concert ! Mieux encore, à son avis, car c'était un air qui la touchait et qu'elle pouvait comprendre ; ces douces notes lamentables, semblables à une voix humaine, pénétraient sa sensibilité opaque et l'entraînaient jusqu'aux portes du paradis.

Le capitaine Waring examinait avec une curiosité non affectée ce jeune et blond musicien, les coudes enfoncés dans l'herbe, le menton appuyé sur ses mains. Il connaissait quelque chose en musique ; la jeune fille jouait avec un goût irréprochable et une pureté de ton absolue. Il écoutait « une douceur liée depuis longtemps » rendue avec un charme vraiment expressif. Il ne s'agissait pas ici d'une touche indienne commune ou ordinaire, mais d'une Sainte Cécile moderne ! Il jeta un coup d'œil à Mark pour voir comment cette transformation inattendue l'avait affecté ; mais le visage de Mark était détourné et il ne montrait aucun signe, bien qu'en réalité il se livrait à une débauche de pensées musicales exquises.

Bientôt, le sortilège, un étrange air russe, s'éteignit dans un long soupir sanglotant, et, à l'exception d'un murmure parmi les domestiques, il s'ensuivit une pause assez remarquable, longuement interrompue par Mme Brande, qui s'exclama comme si elle s'était soudainement réveillée. —

« *Très* joli en effet ! Et qu'avez-vous pensé, capitaine Waring ?

"J'aime ça!" » répéta-t-il avec indignation. « Ma chère Madame, quelle expression faible et inadéquate ! Miss Gordon joue magnifiquement.

"Oh, en effet, non," protesta-t-elle. « Je peux jouer de la musique que je peux ressentir – et c'est facile, et j'ai commencé à apprendre le violon à l'âge de quatre ans, de sorte que mes doigts sont assez souples ; mais quand je pense au jeu d'autres personnes, comme Sarasate, je me rends compte que je ne suis rien de plus qu'un amateur bien intentionné et que je ne le serai jamais autrement. Je ne parviens pas à maîtriser des difficultés techniques excessives. Je n'ai aucun génie, mais, avec un petit soupir joyeux, je suis heureux que cela vous plaise.

"Oui, ma chérie", dit sa tante en hochant la tête avec approbation. « Et maintenant, ayons quelque chose de vivant. Et si tu jouais une polka ?

Mais le violon était déjà dans son étui. L'honneur l'avait déposé là, de l'air d'une mère qui confie un enfant à son repos.

"Oh, Miss Gordon, quelle honte!" » a postulé Mark Jervis. "Je pourrais m'allonger sur ce versant ensoleillé, sous les rhododendrons, à t'écouter pendant *des jours* ."

« Vous ne le trouveriez pas très confortable sous la *pluie* », remarqua Mme Brande avec une certaine aspérité. Elle n'approuvait pas que des jeunes hommes sans le sou lancent ainsi des compliments à sa nièce accomplie. "Et maintenant, nous ferions mieux de continuer, si nous voulons atteindre Binsa avant la nuit."

Le lendemain et dernier jour de leur marche, le groupe procédait comme d'habitude par paires ; Honor et le capitaine Waring menaient la camionnette, tandis que Jervis et Mme Brande, qui constituaient une lourde charge, étaient à la traîne. Plus ils avançaient, plus les précipices étaient escarpés, plus le paysage était sauvage, plus les sentiers étaient étroits. À un endroit dans les bois, au-dessus d'eux, paissait un troupeau de buffles dits apprivoisés – apprivoisés avec les indigènes, sauvages avec les Européens. L'énorme taureau, avec sa tête velue et ses cornes énormes, bien qu'il portait une cloche, n'était apprivoisé par personne ! Entendant des voix étranges en contrebas, il leva ses hideux yeux bleu porcelaine, regarda férocement autour de lui, puis dévala la pente sur quelques dizaines de mètres, mais sa proie – Honor et son escorte – étaient déjà passées par là et étaient hors de portée. Il resta immobile dans une attitude méditative et poussa un hurlement de colère et de déception.

Après un intervalle considérable, un autre groupe apparut. Les jampannis gays et le tapis dandy écarlate de Mme Brande ont réglé la question. En un instant, il s'était faufilé dans les broussailles et s'était mis dans une attitude guerrière sur le chemin, exactement six mètres en avance sur le groupe. L'unanimité avec laquelle les porteurs de Mme Brande l'ont laissée tomber et se sont enfuis dans les arbres n'avait d'égale que l'agilité déployée par la dame elle-même, en sautant hors du dandy et en dévalant le khud ! Il ne restait plus sur la piste que le véhicule vide, le buffle et Jervis.

Il sauta aussitôt de son poney, attrapa un bâton de jampanni, au bout duquel il souleva le tapis rouge, et s'avança hardiment comme un matador dans l'arène. Lorsque le taureau baissait sa lourde tête pour charger, il jetait le tapis sur ses cornes avec autant de sang-froid et de dextérité que s'il s'agissait simplement d'un animal empaillé ! Mais cet animal était dangereusement animé. Se précipitant furieusement en avant, il tomba aveuglément sur le dandy et, avec un grand fracas, fit rouler le khud qui, heureusement pour lui (et pour Mme Brande), n'était pas une pure descendance. Les cris perçants de la dame attirèrent l'attention de sa nièce et, ce qui était bien plus utile, du garçon qui avait la charge du troupeau. Il s'était probablement endormi profondément, mais il arriva maintenant en courant à travers les broussailles, mit en déroute le buffle, dont la chute avait sans aucun doute éteint son esprit, et le chassa, chargé des lourdes malédictions des jampannis. Ces vaillants messieurs étaient désormais descendus sur la terre mère, courageux comme des lions. Le tapis était en rubans, le dandy en bois d'allumettes, mais personne n'a été blessé. « Que fallait-il faire ? » demanda le capitaine Waring, luttant vainement pour conserver un visage grave, en voyant Mme Brande, qui présentait un spectacle vraiment pénible, émergeant des buissons, à quatre pattes. Le dos de sa robe était fendu jusqu'aux épaules, son voile pendait autour de son cou et elle était couverte de sable et de morceaux de brindilles.

Mark s'était précipité à son secours, et sa nièce, alors qu'elle ramassait son topi et son parapluie, lui demandait anxieusement « si elle était blessée ? »

"Non", haletait-elle en s'asseyant et en s'époussetant avec son mouchoir, "je ne suis pas du tout pire."

"Mais ton dandy est en mille morceaux !" dit le capitaine Waring. "Qu'y a-t-il à faire?"

«Je sais ce qui *a* été fait. Jeune homme, " s'adressant solennellement à Jervis, " vous m'avez sauvé la vie, aussi sûrement que je suis assis ici et que vous restez là. Si vous n'aviez pas eu le courage de lui jeter le tapis sur la tête, il serait descendu du khud et m'aurait encorné à mort - je ne suis pas une femme qui parle beaucoup » (illusion affectueuse) « mais je n'oublierai pas cela – et P non plus. Dans les moments d'excitation inhabituelle, ou lorsqu'elle était avec ses intimes, elle parlait invariablement de son mari en l'appelant « P ».

"Oh, Mme Brande," répondit-il, "vous en pensez beaucoup trop : ce n'était qu'un buffle."

"Seulement un buffle!" répéta-t-elle. « Vous les connaissez peu ; dans une minute, je n'aurais été qu'un cadavre. Ce sont les brutes les plus dangereuses que vous puissiez rencontrer, et si rusées. Ha," changeant sa voix pour une autre tonalité plus aiguë, "Jait Sing, espèce de lâche! Je réduirai le salaire de chacun de deux roupies. J'ai envie d'arrêter vos tickets de bois. Quel contraste avec *toi* », elle pointa son gros doigt directement vers Jervis. « Des lions, en effet, comme se nomment tous ces Sings – de jolis lions – vous êtes le jeune homme le plus courageux que j'aie jamais vu ! »

"Oh, allez, dis-je, Mme Brande", a postulé Waring d'un ton enjoué. "Tu ne sais pas ce que *je* pourrais faire si j'essayais."

"Eh bien, comme vous n'avez *pas* essayé, je ne peux pas le dire," répondit-elle sèchement.

"Ce n'est pas un exploit si merveilleux que de chasser un vieux buffle..."

« Cela dépend de l'humeur du buffle ; et je m'étonne que vous rabaissiez votre propre cousin, au lieu d'être fier de lui, poursuivit la dame avec beaucoup de chaleur, oubliant complètement le *rôle qu'elle devait jouer* à l'égard de ce millionnaire.

« Comment vas-tu, ma tante ? » demanda Honor ; "mais bien sûr, tu dois monter dans mon dandy et je peux marcher."

« En aucun cas, Miss Gordon ; vous monterez mon poney, dit le capitaine Waring. "Il a une vieille selle spacieuse et un beau dossier large, et je t'empêcherai de glisser."

Mme Brande (qui avait maintenant retrouvé son calme et son esprit) ne voyait aucune objection à cet arrangement. Bien au contraire, c'était une idée capitale. Quant à elle, elle se sentait si bouleversée et si nerveuse qu'elle ne pouvait pas laisser M. Jervis hors de sa vue.

Ils étaient maintenant à moins de sept milles de Shirani, et oh ! quels kilomètres interminables, on aurait dit des lieues, des lieues de route morne et monotone, qui serpentait et serpentait autour de collines arides et fauves, et qui semblait les conduire directement au cœur même de l'Asie. Ils sillonnaient les vallées jusqu'à la crête d'une chaîne qui cachait, comme ils l'espéraient tendrement, Shirani tant recherchée. Hélas! cela ne leur donnait qu'une vue sur une autre vallée, une autre pente arrondie. Honor ne fut pas surprise d'apprendre qu'une dame de la connaissance de sa tante, lors de sa première visite, s'était effondrée pendant le voyage, après une série de ces affreuses déceptions, et avait cédé à une tempête de larmes hystériques. Parfois, Honor marchait – marchait de préférence, mais à d'autres moments, elle montait sur le poney par respect pour les souhaits de son chaperon. Elle n'aimait pas sa balade, elle consistait en une glissade progressive, une glissade, une glissade, une récupération, puis une glissade, une glissade, encore. Elle refusa le bras tendu du capitaine Waring – le soutien était deux fois plus pénible que la marche. Cette route détestable ne finirait-elle jamais, au grand jamais ?

Ah, il y avait enfin les pins de Shirani ! Vingt minutes plus tard, ils étaient parmi eux. Alors que le petit groupe débouchait dans le centre commercial, Mme Brande en tête du cortège, Honor fermant la marche, le capitaine Waring conduisant son poney, ils se trouvèrent face à face avec Mme Langrishe, marchant de son air le plus majestueux, entre un air de soldat. homme et une petite fille blonde joliment habillée.

Oui, elle n'aurait pas pu manquer de remarquer et de saisir toute la signification de la *rentrée de Mme Brande* (en effet, elle et sa rivale avaient échangé des salutations), et poussiéreuse, chaude et assoiffée, comme cette dame était, c'était l'un des moments les plus heureux. et les moments les plus fiers de sa vie !

CHAPITRE XVI.
UN MESSAGE DE Mlle PASKE.

Même si elle n'avait eu qu'une vision fugace de la nièce de Mme Brande, Mme Langrishe avait des yeux perçants, et un seul coup d'œil avait suffi pour lui assurer que la jeune fille ne ressemblait pas du tout à ce à quoi elle s'attendait. Elle était mince et brune et, bien que couverte de poussière et portant un effroyable tope d'une roupie, c'était indéniablement une dame, et pas du tout du genre laitière.

Et comme la vieille femme avait l'air exultante ! Littéralement gonflée de fierté, alors qu'elle était portée devant elle, en compagnie du millionnaire. *Ce détail n'avait* pas la moindre conséquence. Lalla le connaissait intimement et elle lui faisait écrire un petit mot gentil et amical et lui demandait de venir prendre le thé.

Entre-temps, Honor avait été présentée à son oncle, qui, loin d'être déçu, était agréablement surpris de constater qu'elle était l'image de sa sœur préférée Hester, décédée quand elle avait dix-huit ans. Cette ressemblance (qu'il gardait pour lui) assurait à la nouvelle arrivée une *entrée immédiate* dans les bonnes grâces de son oncle. Et Mme Brande, habituée à ses manières froides et plutôt cyniques, était étonnée de la chaleur de l'accueil qu'il accordait à sa nièce jusqu'alors inconnue.

Pendant plusieurs jours, la jeune femme resta chez elle dans une stricte isolement, jusqu'à ce que son teint ait récupéré du voyage et que ses cartons soient arrivés du chemin de fer. Sa tante était bien décidée à ne pas soumettre son trésor aux regards féroces qui se posent sur une jeune fille nouvellement arrivée, jusqu'à ce qu'elle soit tout à fait au meilleur de sa forme. Elle ne pouvait cependant pas fermer ses portes aux nombreuses dames venues rendre visite à Miss Gordon, et ainsi s'assurer une première visite privée. Honor fut obligée de s'asseoir solennellement dans un salon hideux, où toutes les couleurs criaient contre les autres, et d'écouter sa tante raconter aux visiteurs à quel point elle jouait magnifiquement du violon, quels cheveux longs elle avait et comment elle prenait trois dans ses chaussures. , et combien elle était déjà utile dans la maison. De plus, elle ne leur a pas épargné tous les détails de l'aventure du bison, ni manqué de chanter les louanges bruyantes de M. Jervis, ni de s'étendre sur l'agréable escorte et les attentions particulières de son cousin *en cours de route* . Ensuite, Mme Brande a parlé de ses domestiques et du prix exorbitant du ghee et du charbon de bois.

« Venez, asseyons-nous sous la véranda », murmura Mme Sladen, qui avait lu le visage expressif de la jeune fille. « Vous vous y habituerez bien, » continua-t-elle lorsqu'ils furent dehors ; « tu le feras toi-même un jour. Nous faisons tous; mais vous aurez ici un foyer bien heureux, malgré le prix des pommes de terre ! Votre tante est ravie de vous, comme vous pouvez le constater, et vous aurez bientôt de nombreux sujets à discuter. Elle a été assez seule jusqu'à présent. Elle et M. Brande, bien que très attachés l'un à l'autre, ont peu de goûts en commun. Il est passionné de littérature et se consacre au tennis et aux raquettes ; et bien qu'il soit plus âgé, il est si actif qu'il semble de plusieurs années son cadet. Votre venue lui a apporté un nouveau départ et de nouveaux plaisirs. C'est une femme chère et bonne, et aussi sincère qu'un petit enfant.

Mme Sladen et Honor s'étaient immédiatement appréciés. Honor était descendu (après le crépuscule) chez Mme Sladen, avait été présenté au colonel Sladen et lui avait montré les photographies des petites filles de Mme Sladen, Charlotte et Mabel, et avait entendu leurs dernières lettres, preuve qu'elle était en grande faveur. avec leur mère. Honor n'était pas habituée à s'asseoir les mains devant elle et trouva rapidement une occupation de diverses manières : elle envoyait des messages, rédigeait des notes et des commandes, arrangeait des fleurs et se hasardait à des suggestions respectueuses concernant le salon, un bel appartement, coûteux. meublée du pire goût imaginable – un contraste suprême avec la chambre de Mme Langrishe, qui était la plus jolie de Shirani. Les gens ne soupçonnaient pas comment cette dame tranquille l'époussetait entièrement elle-même, secouait les draperies, arrangeait les fleurs et lavait les ornements en porcelaine de ses propres mains délicates. Sa chambre, telle qu'elle la comprenait, constituait un arrière-plan efficace pour elle-même – et elle n'épargnait aucun effort pour cadrer Ida Langrishe de la manière la plus convenable. Le sol était recouvert de beaux tapis de prière anciens, les tables étaient parsemées de bibelots, les murs étaient tendus de précieuses aquarelles et, dispersés à intervalles convenables, se trouvaient des fauteuils accueillants.

Des gens de mauvaise humeur se répétaient entre eux que les tapis persans, les sculptures et les bols en argent étaient autant d'offrandes des « hommes ». Même ainsi, Mme Langrishe aurait été la première à admettre : « Des cadeaux à Granby et à moi-même. Le colonel Greene, un vieux bonhomme, nous a apporté le tapis de Peshawar ; et M. Goldhoofe a envoyé ces objets en argent de Delhi. Je dois dire que nos amis ne nous oublient jamais.

Mme Langrishe, comme nous le savons, était bien décidée à confier le salon à sa nièce, ce serait un si bon entraînement pour l'enfant, et en réalité, les fleurs prenaient une heure chaque matin. Elle trouverait de nombreuses façons de rendre Lalla utile. Mais cette jeune femme s'est constamment opposée à ces projets, elle a immédiatement fait comprendre à sa tante qu'elle se considérait comme simplement ornementale. « Oh mon Dieu, non ! elle n'arrangeait jamais de fleurs, elle n'avait aucun goût en ce genre, et en plus, cela lui gâterait les mains. *Dépoussiérez* le salon ! ma chère tante Ida doit plaisanter ; eh bien, c'était l'affaire du porteur. Sortez le dessert ! Oh!" avec un éclat de rire retentissant, « on ne pouvait pas lui faire confiance. Elle mangerait tous les chocolats et toutes les meilleures friandises françaises ! »

Ainsi, tandis que Mme Langrishe travaillait, comme d'habitude, à ses tâches ménagères, sa belle nièce, avec une porte verrouillée, s'allongeait sur son lit, lisant un roman, tentait de nouvelles expériences dans la coiffure ou écrivait des notes. Non non; elle n'était pas venue à Shirani pour servir de dame de compagnie. Elle avait toujours entendu dire que sa tante Ida était très *intelligente* ; mais, heureusement, elle avait aussi de l'intelligence !

Pendant la période de retraite forcée d'Honor Gordon, elle partait tôt chaque matin faire une promenade solitaire le long d'une jolie route sablonneuse qui serpentait parmi les sombres forêts de pins aromatiques - une route aux angles vifs et aux profonds ravins feuillus, verts de fougères et de lierre. C'était au début de mai, et le sol était jonché d'aiguilles de pin qui amortissaient les pas ; les sapins étaient maigres et nus, et à travers leurs branches sombres, elle apercevait les neiges qui, comme un grand rempart blanc, pendaient dans les airs, entre un ciel bleu éclatant et une brume teintée d'opale. Honor appréciait énormément ces promenades, même si elle rencontrait rarement quelqu'un, à l'exception d'un syce faisant monter un cheval ou d'un ayah conduisant une poussette. Son seul compagnon était « Ben », qui, par chance, s'était « pris à elle » et avec qui elle avait noué des relations si amicales qu'elle s'était en fait installée dans la position inattendue de sa « tante ».

De temps en temps, ils faisaient des excursions communes dans le khud, lui à la recherche des garde-manger privés d'autres chiens, elle à la recherche de fougères et de mousse pour décorer la table. Ben était un personnage d'une telle importance à Rookwood qu'il réclame un demi-chapitre à lui tout seul. C'était un chien aux opinions bien arrêtées et il détestait Mme Langrishe – et une ou deux autres personnes – au même degré qu'il détestait la viande bouillie froide. Le sport était sa passion, la mastication des gants de Suède sa faiblesse. C'était un fox-terrier avec une histoire. Tout petit, il avait été présenté par un homme à une fille, sur le principe du « aime-moi, aime-moi mon chien », mais hélas, la fausse jeune fille n'avait aimé ni l'une ni l'autre ; elle a abandonné l'homme sans cœur et a abandonné le chien à son sort. Cependant, son ayah (âme prudente) avant qu'elle ne descende la colline et vende le chiot à un petit ami pour la somme de deux annas (une ancienne dette), il se trouvait être le serviteur de Mme Brande et était excessivement vaniteux de son achat, mais il le laissa la majeure partie de la journée attaché par une bande de calicot rose à un arbre bien en vue dans sa concession, où il le laissa « manger l'air », et rien d'autre. Mme Brande, *en route* pour nourrir ses poules aisées, remarqua l'animal affamé ; et comme elle lui jetait souvent une croûte, il saluait naturellement son arrivée par d'extravagantes démonstrations de joie et de faibles cris de joie. Son cœur facilement attendri fut touché par les ravissements du chiot affamé, et après quelques pourparlers, elle l'acheta au propriétaire pour la somme qu'il avait juré avoir payée, à savoir dix roupies, afin de le nourrir et de lui procurer une bonne somme. maître. Mais Ben était tout à fait satisfait de son logement actuel et s'installa bientôt complètement chez lui. Il affichait une intimité facile avec les fauteuils et les coussins, il était sans doute habitué aux biscuits sucrés et à la bonne société, et sa maîtresse lui faisait remarquer avec juste fierté qu'il comprenait parfaitement l'anglais ! Bien sûr, elle a fini par adopter « Ben », il s'est rendu indispensable, il a refusé de se séparer de sa patronne, est devenu son ombre, et a rapidement cessé d'être lui-même une ombre. Il est passé d'un petit sale, affamé et grelottant, à un chien extrêmement beau, avec un beau brillant sur son pelage. S'est-il jamais souvenu de ses propres jours mauvais, alors qu'il se prélassait un après-midi au soleil à la porte de Rookwood, et passait en revue méprisante, des malédictions moins heureuses et de moindre degré ? Les chiens sont-ils snobs ?

Qu'il soit snob ou non, Ben était courageux, il ne baissait pas la queue, et quand le gros chat sauvage qui faisait tant de ravages parmi les volailles s'échouait sous le réfectoire, « Ben Brande », comme on l'appelait, était le seul. un membre de la foule rassemblée de terriers qui, comme l'a exprimé un spectateur, « était assez homme pour le suivre, le tuer et le traîner dehors ». Ben Brande y perdit un œil, mais se forgea une magnifique réputation.

Bien sûr, Ben était gâté. Sa maîtresse lui parlait sans cesse ; il avait son propre petit charpoy dans sa chambre, son thé du matin en sa compagnie, et de temps en temps il était autorisé à inviter son copain « Jacko », un terrier roux, à dîner et à passer la journée ! (Une fois qu'ils avaient choisi de le passer tranquillement dans la loge de M. Brande, où ils dévorèrent plusieurs paires de bottes, un sac éponge et le dos de « Nancy ».) Ben accompagnait sa maîtresse dans ses promenades et ses promenades. Bien souvent, elle sortait uniquement pour lui, et c'était un fait incontestable qu'il avait des routes préférées, et sa « grand-mère » – comme s'appelait la dame entichée – étudiait toujours ses souhaits. Dans les occasions où « son grand-père et sa grand-mère » dînaient à l'étranger, il ne se couchait jamais, mais s'installait à l'entrée jusqu'à leur retour (même tardif), et les passants pouvaient toujours dire que les Brande étaient à une « burra khana ». "quand ils virent une petite silhouette blanche et droite assise près du poteau de la porte. En effet, on murmurait que la raison pour laquelle Mme Brande partait toujours si tôt était simplement qu'elle n'aimait pas faire attendre Ben ! Elle ne l'a jamais dit, mais tout le monde savait que Ben était le véritable motif de son départ prématuré. Et c'était l'animal qui accompagnait désormais Honor et qui lui avait accordé sa protection et son amitié. Un matin, alors qu'ils rentraient chez eux, lui avec une grosse pierre dans la bouche, et elle une brassée de fougères, ils faillirent entrer en collision avec un autre couple — les angles étaient brusques —

marchant sans bruit sur des aiguilles de pin. Il s'agissait de Toby Joy, qui était également accompagné d'un chien, et qui déambulait main dans la main avec une jeune femme, une petite personne délicate à la peau blanche, aux cheveux clairs et duveteux, aux petits yeux perçants, aux sourcils admirablement arqués et un nez incliné.

Honor était de loin la plus embarrassée du trio et rougit d'une rougeur saine – dont elle avait profondément honte. Pourquoi les autres ne profiteraient-ils pas de l'air délicieux du matin ? Quant à marcher main dans la main, *elle* devrait être la dernière à s'y opposer ; n'avait-elle pas marché elle-même main dans la main avec un parfait inconnu ?

"Bonjour, Miss Gordon", dit Toby, abandonnant lentement les doigts de Miss Paske et ôtant sa casquette. « Alors vous êtes bien arrivé ici malgré les buffles ! Laissez-moi vous présenter Miss Paske.

Les filles s'inclinèrent et se regardèrent gravement.

"Nous préparons ce burlesque dont je vous ai parlé et sommes sortis tôt pour étudier notre rôle ensemble."

« Comme c'est digne d'éloges de votre part », dit Honor avec une simple bonne foi. "Et quelle sera la pièce?"

« *Les bébés dans le bois* », répondit Miss Paske avec un sourire étrange et en regardant Honor avec ses petits yeux brillants. « Ne pensez-vous pas que cela conviendra aux chers gens simples de Shirani ?

"Je ne sais vraiment pas", répondit l'autre avec un visage perplexe.

"Eh bien, j'espère que vous viendrez le voir", et avec un signe de tête condescendant, elle partit. Mais Ben et Jumbo (le chien de Mme Langrishe) n'étaient pas disposés à se séparer ainsi ! La querelle de ménage s'était évidemment étendue à eux. Depuis quelque temps, ils se tournaient sur la pointe des pieds, avec une raideur considérable dans la démarche, émettant des grognements sourds et insultants, qui culminaient maintenant en une sorte de grognement gargouillant, tandis qu'ils se jetaient à la gorge. Miss Paske poussa un petit cri étouffé et remonta précipitamment la berge, tandis qu'Honor et Toby tentaient désespérément de séparer les combattants. Ils attrapèrent chacun un chien par ce qui arrivait en premier, la patte ou la queue ; mais les chiens refusaient de se séparer, et d'avant en arrière, de haut en bas, ils se battaient et se bousculaient dans une frénésie mutuelle. Pendant ce temps, Lalla, qui se trouvait maintenant à une altitude sûre, semblait ravie du spectacle, riait et frappait dans ses mains avec extase. Finalement, en leur versant du sable sur la tête, les chiens furent étouffés, et chaque côté servait de porte-bouteille à un animal furieux, haletant et se débattant.

"Je pense que nous ferions mieux de nous séparer immédiatement", haleta Honor, qui ne retint Ben qu'avec beaucoup de difficulté.

"Oui, le plus tôt sera le mieux", acquiesça Toby, qui luttait également avec une brassée impatiente.

Tandis qu'Honor rentrait chez elle, avec Ben suspendu avec envie à son épaule, Miss Paske, qui avait trébuché de son poste d'observation, l'appela de son ton le plus doux et le plus clair :

"Assurez-vous de dire à Mme Brande que *son* chien a eu le pire."

FIN DU VOL. JE.